Béatrice Durand **Rousseau**

Berühmt wurde Jean-Jacques Rousseau (1712–1778) mit seinem ersten Diskurs, verfasst als Antwort auf die Preisfrage der Akademie der Wissenschaften zu Dijon, ob die Wiedergeburt der Wissenschaften und der Künste »zur Läuterung der Sitten« beigetragen habe. Radikal verwirft er in seiner Antwort die in der Frage enthaltene Annahme, der zivilisatorische Prozess sei ein Fortschritt. Sosehr diese Haltung seine Zeitgenossen provozierte, so vertraut ist sie uns heute geworden. Das Misstrauen gegen den zivilisatorischen Optimismus und den Fortschrittsglauben gehört inzwischen zu unserem Selbstverständnis.

Béatrice Durand, geboren 1960, ist Privatdozentin am Institut für Romanistik der Martin-Luther-Universität Halle-Wittenberg.

Grundwissen Philosophie

Rousseau

von

Béatrice Durand

Philipp Reclam jun. Stuttgart

RECLAM TASCHENBUCH Nr. 20315

Reihengestaltung Grundwissen Philosophie:
Gabriele Burde
Foto auf der Umschlagrückseite: © Werner Huthmacher
Satz: Steffi Glauche, Leipzig
Druck und Bindung: Reclam, Ditzingen
Printed in Germany

ISBN: 978-3-15-020315-6

www.reclam.de

Inhalt

Rousseau und wir

Einschüchternd ist es, über einen Autor zu schreiben, dem so viele – und darunter so berühmte – Interpretationen bereits gewidmet wurden. Rousseau verschwindet buchstäblich unter dem Papierberg einer sich stets entwickelnden Exegese. Auch Einführungsmonografien zu seinem Werk liegen schon etliche vor.

Doch häufig wird Rousseaus Denken auf seine politische Philosophie reduziert oder sein Werk in ein philosophisches und ein literarisches geteilt. Mal stellt der Dichter den Philosophen, mal der Philosoph den Dichter in den Schatten. Darüber hinaus werden die als philosophisch geltenden Schriften disziplinarisch sortiert: die beiden *Diskurse* (1749 und 1755) werden der Anthropologie, der *Gesellschaftsvertrag* (1762) der politischen Theorie und *Emile oder Über die Erziehung* (1762) der Pädagogik zugeordnet. Für Rousseau jedoch hat es all diese Sparten nicht gegeben. Der *Gesellschaftsvertrag* enthält auch anthropologisches und die *Bekenntnisse* implizieren auch politisches Gedankengut. Berühmt ist die Aussage Rousseaus, der *Emile* sei eigentlich kein Erziehungstraktat, sondern eine allgemeine philosophische Reflexion über die natürliche Güte des Menschen.[1]

Hier soll der Versuch unternommen werden, die Gesamtheit und den inneren Zusammenhang des rousseauschen Denkens einleitend darzustellen. Zusätzlich zur politischen Theorie und Anthropologie schließt das Vorhaben auch Rousseaus Ästhetik, seine Sprachphilosophie sowie die Themen Subjektivität und Persönlichkeit ein.

Rousseau selbst hat mehrmals reklamiert, dass die verschiedenen Teile seines Werkes ein System bilden. Auf der anderen Seite werden viele Rousseau-Interpreten bis heute nicht müde, die »Widersprüche« seines Denkens aufzudecken.

Auf eine systematisierende Darstellung verzichte ich. Eine solche könnte angesichts der komplexen Entwicklung seines Denkens nur künstlich sein. Begriffe wie etwa »Naturzustand« oder »Eigentum« werden in verschiedenen Werken in immer neuen Anläufen präzisiert oder erhalten in einem neuen Kontext eine andere Wertigkeit. Weder soll Rousseau auf seine gedanklichen Widersprüche reduziert werden, noch sollen diese negiert werden. Denn das, was in seinem Denken widersprüchlich oder aporetisch bleibt, ist oft der Natur der Sache geschuldet. Gezeigt wird zunächst, wie sich dieselben Begrifflichkeiten in verschiedenen Textgattungen entwickeln, durch das ganze Lebenswerk hindurch. Auch die *Neue Héloïse* (1761) und die autobiografischen Schriften werden als Teil eines die Gattungen überschreitenden beziehungsweise verschiedenste Ausdrucksformen suchenden Denkprozesses betrachtet.

Um der Verwobenheit der Themen und Bereiche gerecht zu werden, habe ich eine Darstellungsform gewählt, die sich eng an der Chronologie der Werke orientiert. Manche Kapitel sind einem Werk oder einer Werkgruppe gewidmet, andere haben einen thematischen Fokus und versuchen die Einheit eines Problemfelds zu rekonstruieren. Somit können sowohl die Einheit wie auch die Wendungen des rousseauschen Denkens anschaulich gemacht werden. Das Augenmerk ist auf die gegenseitige Bedingtheit und die Überschneidungen aller Teilaspekte seines Werkes gerichtet.

Kennzeichen der Klassiker ist, dass sie immer neu gelesen werden und neu gelesen werden müssen. Jede Zeit formuliert ihr Erkenntnisinteresse neu. Auch diese Monografie kann ihre Zeitbedingtheit nicht verbergen. Die großen Ideologien und Interpretationssysteme haben an Deutungskraft verloren. So kann Rousseau heute nicht mehr auf die Rolle des Apostels des Egalitarismus oder gar des Kollektivismus, einer Vaterfigur der Republik und der Demokratie, eines Begründers der Rechtsstaatlichkeit, eines Verehrers der Natur und Kulturkritikers, eines Wegbereiters der Romantik oder vielleicht sogar eines Vordenkers totalitärer Ideologien reduziert werden. Sein Denken bietet vielmehr Anlass und Mittel, sich mit der Verwobenheit all dieser Fragen zu beschäftigen. Wer Rousseau liest, stößt auf eine frühe und außerordentlich hellsichtige und komplexe Erörterung vieler Grundfragen des modernen Lebens und der Politik: Fragen nach den Möglichkeitsbedingungen und Schwierigkeiten von Demokratie, nach der Beschaffenheit eines gerechten Gemeinwesens, das das Individuum und seine Freiheit nicht dem Kollektiv opfert, nach Sinn und Form des individuellen Glücks, nach den inneren Widersprüchen eines antiautoritären Erziehungsansatzes. Rousseau hat all diese Fragen gestellt und sich mit ihnen auseinandergesetzt. Er hat Begriffe geprägt, um diese Fragen überhaupt stellen zu können. Viele dieser Begriffe gehören immer noch zu unserem Vokabular, einige wurden in Verfassungen und Menschenrechtschartas aufgenommen. Die Antworten, die er gibt, sind oft schwierig, unbequem, missverständlich, angreifbar; sie sind dies aber nicht aus Selbstverliebtheit des Denkens, sondern weil er dies dem Sachverhalt zu schulden meinte.

Biografisches Vorspiel

Auch wenn sich ein Werk niemals aus einem Leben gänzlich erschließt, kann man im Fall Rousseaus die Frage nach der Bedingtheit von Leben und Werk nicht umgehen. Wenige Philosophen haben das Verhältnis zwischen Leben und Werk so dramatisch thematisiert wie Rousseau. Der – ganz und gar moderne – Wunsch, sein Leben in Einklang mit seiner Philosophie zu bringen, bewog Rousseau, so viel über sich selbst zu schreiben: Sich selbst, den Zeitgenossen wie auch der Nachwelt wollte er weismachen, dass sein Leben nicht im Widerspruch zu seinem Denken stand, während er seitenlang darüber klagte, wie schwierig ihm dies die Zeitgenossen machten.

Rousseau ist nicht nur ein Schriftsteller und Philosoph, er ist auch ein Charakter. Schon zu Lebzeiten ist seine Figur legendenumwoben und berüchtigt. Sein Leben ist ein Abenteuerroman, ein philosophisches Unterfangen und eine Tragödie zugleich. Mehrfach hat er sein Leben erzählt. In den philosophischen und narrativen Werken wimmelt es von direkten und transponierten autobiografischen Verweisen. Umgekehrt hat Rousseau die Entstehung seiner philosophischen und romanhaften Werke in den autobiografischen Texten geschildert, so dass Philosophisches biografisch und Biografisches philosophisch gedeutet werden kann.[2]

Rousseau wird 1712 in Genf in eine Handwerkerfamilie hineingeboren. Sein Vater ist Uhrmacher. Seiner Mutter kostet seine Geburt das Leben. Er wächst als Halbwaise, von seinem Vater und einer Tante erzogen, auf.

Sogenannte geregelte Verhältnisse herrschen in seiner Kindheit und Jugend nicht. Eine Schule zum Beispiel hat Rousseau niemals besucht, wohingegen alle anderen französischen Literaten und Philosophen der Zeit in einem Collège

(etwa der Jesuiten oder der Oratorianer) eine klassische Bildung genossen haben.
Rousseau ist der Autodidakt schlechthin. Als Kind - so erzählt er in den *Bekenntnissen* (postum 1782 und 1789 erschienen, 1765–1771 verfasst) - liest er kreuz und quer. Mit dem Vater zusammen liest er im Alter von sieben Jahren Romane; später entdeckt er die Moralisten, insbesondere Plutarch, der ihn begeistert. Er bricht verschiedene Lehren (als Kanzleigehilfe, als Radierer) ab und reißt mit sechzehn Jahren endgültig aus. Zwischen 1728 und 1744 ähnelt sein Leben einem Schelmenroman: Rousseau nimmt regelmäßig Anstellungen an, beispielsweise als Lakai, Sekretär, Angestellter des Landvermessungsamts von Savoyen, Hauslehrer oder Botschaftsangestellter in Venedig, die er nach einigen Monaten aufgibt, wenn er nicht schon vorher hinausgeworfen wird. Gelegentlich behauptet er, unter diversen Pseudonymen Dirigent oder Dolmetscher zu sein. Den kalvinistischen Glauben gibt er auf und bekehrt sich zum Katholizismus, weil ihm ein Priester Logis und Verpflegung versprochen hat und die Dame, die die Neukonvertiten pflegt, ihn sehr beeindruckt. Madame de Warens, so heißt die Pflegerin, nimmt ihn in ihren Haushalt auf, und er wird ihr Liebhaber, ohne jedoch aufzuhören, sie »Maman« zu nennen.
In all diesen Jahren bewegt er sich ständig - meist zu Fuß! - zwischen Genf, Turin, Annecy, Fribourg, Lyon, Neuchâtel, Paris, Chambéry, Venedig und wieder Paris. Längere sesshafte Perioden - insbesondere bei Madame de Warens - nutzt er, um zu lesen und sich zu bilden. Auch musiziert er viel mit ihr und ihren Freunden. Wenn er nicht gerade eine Anstellung innehat, verdient er sein Brot als Musikkopist - eine Tätigkeit, die ihn sein ganzes Leben begleiten wird.
In den 1740er Jahren gelangt er nach Paris, wo er schnell in intellektuelle und aristokratische Kreise eingeführt wird. Dank dem Naturalisten Réaumur darf er 1742 sein *Projekt neuer Musikzeichen* der französischen Akademie der Wissenschaften vortragen. In dieser Zeit schließt er Freundschaft mit

Denis Diderot und Jean le Rond d'Alembert, die mit den Vorarbeiten zur *Enzyklopädie* beschäftigt sind. Aufgrund seiner musikalischen Interessen wird Rousseau von ihnen mit den Musikartikeln für die *Enzyklopädie* beauftragt. Berühmt wird Rousseau aber erst 1749, als sein erstes philosophisches Werk – die *Abhandlung über die Wissenschaften und die Künste* – mit dem Preis der Akademie der Wissenschaften zu Dijon ausgezeichnet wird. Nebenbei hat er eine Oper komponiert, *Le Devin du village* (»Der Dorfwahrsager«), die 1752 immerhin vor dem König aufgeführt wird.
Thérèse Le Vasseur, eine Frau aus sehr einfachen Verhältnissen, wird in diesen Jahren seine Lebensgefährtin. Erst 1768 wird er sie heiraten. Mit ihr hat er fünf Kinder, die er alle einem Kinderheim übergibt. Dies wurde ihm wiederholt – namentlich von Voltaire – öffentlich vorgeworfen. Er rechtfertigt sich, er habe »als Bürger gehandelt«, da der Staat besser für seine Kinder zu sorgen vermag als er selbst.
Sein ganzes Leben lang pendelt er zwischen Paris und der Schweiz. Nach der Publikation (1750) des sogenannten *ersten Diskurses*, der bereits erwähnten *Abhandlung über die Wissenschaften und die Künste*, und während der Vorarbeiten zum *zweiten Diskurs*, der *Abhandlung über den Ursprung und die Grundlagen der Ungleichheit unter den Menschen* (1755, einer Antwort auf eine weitere Preisfrage der Akademie der Wissenschaften zu Dijon), fühlt er sich wieder zu seiner Heimatstadt Genf hingezogen, der der *zweite Diskurs* feierlich gewidmet wird. Er rekonvertiert zum Kalvinismus und beantragt 1754 erneut die Genfer Staatsbürgerschaft.
In den späten 1750er Jahren kehrt er nach Frankreich zurück und genießt die Gastfreundschaft von Madame d'Épinay, einer Freundin der Enzyklopädisten. Im Park ihres Schlosses bei Montmorency lässt sie ein kleines Haus, die Eremitage, für ihn einrichten. Nach kurzer Zeit verschlechtert sich sein Verhältnis zu Madame d'Épinay und Rousseau zieht aus der Eremitage aus, bleibt aber in Montmorency. Die Jahre dort

sind für ihn sehr produktiv; unter anderem schreibt er die *Neue Héloïse* (1761), arbeitet am *Gesellschaftsvertrag* sowie am *Emile*. Das Jahr 1762, Publikationsjahr des *Gesellschaftsvertrages* und des *Emile*, macht ihn zu einem Verfolgten. *Emile* wird in Paris zensiert, gegen Rousseau wird in Frankreich ein Haftbefehl erlassen. Über Nacht flieht er in die Schweiz. Als *Emile* und zudem der *Gesellschaftsvertrag* im kalvinistischen Genf zensiert werden, findet Rousseau Zuflucht in der damals friederizianisch-preußischen Exklave Neuchâtel (Neuenburg). Von diesem Zeitpunkt an ist sein Leben eine andauernde Flucht. Rousseau hat sich mit allen seinen Freunden, Bewunderern, Gönnern und den Behörden ohnehin überworfen. Er sucht Zuflucht in der Einsamkeit. Auf den Landgütern kurzzeitig gastfreundlicher Adeliger schreibt er an seinen Memoiren und an diversen autobiografischen Texten.
Die letzten Jahrzehnte werden von physischem und psychischem Schmerz überschattet. Rousseau leidet an einer Verengung der Harnwege, die sowohl schmerzhaft wie auch in Gesellschaft belastend ist. Ab 1762 trägt er aufgrund dieser Krankheit das aus einem langen Hausmantel bestehende »armenische Gewand«. Die häufigen depressiven Zustände steigern sich ab 1761 in Anfälle von Verfolgungswahn; Rousseau wähnt sich als Opfer eines Komplotts. Zu seinen Feinden zählt er die Jesuiten, Voltaire, die Behörden und alle ehemaligen Freunde oder Gönner, die mit ihm nicht einer Meinung waren. Kurz, die ganze Gesellschaft ist ihm zum Feind geworden.
Die Gastfreundschaft des Marquis de Girardin annehmend, verbringt er die letzten Wochen seines Lebens auf dessen Schloss in Ermenonville bei Paris. Er stirbt am 4. Juli 1778 und wird auf der Pappelinsel des Landguts des Marquis bestattet. Während der Französischen Revolution, im Jahr 1794, lässt der Konvent seine sterblichen Überreste in die jüngst in einen Tempel zur Ehre besonders bedeutender Männer umfunktionierte Kirche Sainte-Geneviève – also in den Pan-

theon – feierlich überführen. Somit bekennt sich die Revolution in ihrer radikalen Phase zu Rousseau als einem ihrer Ahnherren.
Rousseau war einer der ersten freien Autoren im modernen Sinne, ein unabhängiger Schriftsteller, der von seinen Werken lebte. Ab einer gewissen Zeit brachte ihm die Publikation seiner Bücher beachtliche Tantiemen ein. War das Geld knapp und er nicht gerade bei aristokratischen Familien zu Gast, hielt er sich als Musikkopist über Wasser.
Zu seiner Heimatstadt Genf unterhielt er eine komplizierte Beziehung. Die vorübergehende Bekehrung zum Katholizismus hatte rein opportunistische Gründe. Nach ersten Erfahrungen mit der französischen Gesellschaft in den 1740er und 1750er Jahren bezeichnete er in der Widmung der *Abhandlung über den Ursprung und die Grundlagen der Ungleichheit unter den Menschen* die Genfer Regierung als eine der besten auf Erden. Nach Wiedererlangung der Genfer Staatsbürgerschaft im Jahr 1754 unterschrieb er gern als »der Genfer Bürger«. Auch wenn er die meiste Zeit außerhalb der Schweiz verbrachte, war ihm diese Identifikation wichtig. Sie stieß nicht immer auf Gegenliebe, denn Rousseau war den Genfer Stadtherren ein unbequemer Mitbürger. Als der *Emile* auch in der Stadtrepublik Genf verboten wurde, verzichtete Rousseau auf die Genfer Staatsbürgerschaft.
Nicht weniger kompliziert ist sein Verhältnis zu Frankreich und speziell zu Paris, Sitz des glanzvollsten Hofes Europas und Ort eines intensiven Salonlebens. Rousseau fühlte sich zu dieser Gesellschaft hingezogen und suchte ihre Anerkennung, die er auch fand. Er verkehrte in verschiedenen Salons und war nicht zuletzt wegen seiner Originalität ein gesuchter Gast. Seine ersten Schriften – aber auch seine erste Oper – wurden freundlich aufgenommen.
Jedoch konnte er sich nie des Gefühls erwehren, ein Fremdling in dieser Gesellschaft zu sein, und entwickelte die typische Mischung aus Neid und Verachtung für dieses Milieu. Dieses Gefühl verarbeitete er philosophisch und literarisch;

in der *Neuen Héloïse* zum Beispiel schickt Saint-Preux kritische Briefe aus Paris, die die ganze soziale Komödie denunzieren.
Das mondäne Leben in Paris bot ständig Gelegenheiten, sich angegriffen zu fühlen, und Rousseau fühlte sich häufig, zu Recht oder Unrecht, gedemütigt. Sogar philosophischen Wettstreit nahm er persönlich, was seinen Freunden und Gönnern den Umgang mit ihm nicht leicht machte. »Allein der Bösewicht ist einsam«, sagt eine Figur in Diderots Theaterstück *Le Fils naturel* (Der uneheliche Sohn, 1757). Diese Passage nahm Rousseau als persönliche Beleidigung auf. In dem Artikel »Genf«, den d'Alembert für den 7. Band der *Enzyklopädie* (1757) verfasst, kritisiert er das Fehlen einer Theatertradition im kalvinistischen Genf. Auch dies fasste Rousseau als eine persönliche Attacke auf und beendete die Freundschaft mit seinem *Brief an d'Alembert über das Schauspiel* (1758). Weitere wichtige Freundschaften zerbrachen am Ende der 1750er Jahre: mit Diderot, mit Grimm – dem Herausgeber der *Correspondance littéraire*, einer an alle Höfe Europas geschickten literarischen Gazette – und mit Madame d'Épinay, die ihm zwei glückliche Jahre in der Eremitage geschenkt hatte. Rousseau fühlte sich überall missverstanden und schlecht behandelt.
Die Zensur des *Gesellschaftsvertrags* und des *Emile* (beide 1762) sowohl durch die französischen wie auch die Genfer Behörden bestätigen ihn nur in seinem Außenseitertum und seinem Verfolgungswahn. Mit dem englischen Philosophen David Hume, der ihn nach seinen Schwierigkeiten mit den Genfer, Berner und französischen Behörden nach England eingeladen hatte, überwirft er sich kurz nach seiner Ankunft. Sehr schmerzlich traf ihn ein anonymes, von Voltaire geschriebenes Pamphlet, *Le sentiment des citoyens* (Das Gefühl der Bürger, 1764), das die Übergabe seiner Kinder an ein Waisenhaus publik machte und ihn als Monster darstellte. Und in ganz Europa kursierten Gerüchte über seinen Lebenswandel.

Um diesen Gerüchten ein Ende zu setzen, redigierte er zwischen 1765 und 1771 seine *Bekenntnisse.* Jedoch trat die gegenteilige Wirkung ein: Noch gar nicht veröffentlicht, waren die *Bekenntnisse* bereits berüchtigt und viele fürchteten ihre Publikation. Die nach den *Bekenntnissen* verfassten *Dialoge* (1772–1774) zeugen vom psychischen Druck, der auf Rousseau lastete.

Mit allen seinen Krisen ist dieses Schicksal grotesk, tragisch und dennoch beispielhaft. Es zeugt vom verzweifelten Versuch, Leben und Denken in Einklang zu bringen. Die Erfahrung sozialer Hierarchien, Unaufrichtigkeit, Unbehagen im Umgang mit Menschen, Sehnsucht nach authentischen Beziehungen und das Verlangen nach Gerechtigkeit werden philosophisch reflektiert. Dabei tut die teilweise pathologische Natur seiner Erfahrungen der Allgemeingültigkeit seiner Überlegungen keinen Abbruch.

Erste Paradoxien der Kulturkritik: *Abhandlung über die Wissenschaften und die Künste*

Seit der Antike gab es immer wieder Autoren, die die jeweils gegenwärtigen Verhältnisse als dekadent schilderten und Tugend, Ehrlichkeit und Glück in eine mehr oder weniger entfernte goldene Vergangenheit zurückverlegten. Rousseau hat die Kulturkritik also nicht erfunden, ihr aber eine Schärfe und Vehemenz verliehen, die aus der *Abhandlung über die Wissenschaften und die Künste* (1749) einen ihrer Meilensteine macht.

Rousseaus Schilderung in den *Bekenntnissen* machte die Entstehung des *ersten Diskurses* zur Legende: Auf dem Weg zum Gefängnis von Vincennes, wo sein Freund Diderot wegen eines Pressedelikts inhaftiert war, las er im *Mercure* die Preisfrage der Akademie der Wissenschaften zu Dijon: »Ob die Wiedergeburt der Wissenschaften und der Künste zur Läuterung der Sitten beigetragen habe«. Die Inspiration überfiel ihn augenblicklich und zwang ihn, sich unter einen Baum zu setzen, wo er mit Bleistift die berühmte Prosopopöie des Fabrizius niederschrieb, die den Kern der *Abhandlung* bilden sollte. Die dem *Leben des Pyrrhus* von Plutarch entnommene Figur des Fabrizius beklagt den Verfall der Sitten und ermahnt die Römer der Kaiserzeit, sich auf ihre alten politischen Tugenden zu besinnen. Diderot ermutigte ihn, seinen Entwurf zu bearbeiten und der Akademie einzusenden. Insbesondere soll Diderot den zunächst unschlüssigen Rousseau überzeugt haben, klar gegen die Zivilisation Farbe zu bekennen. Mit seiner Schrift gewann dieser den Preis und wurde über Nacht berühmt. Somit war »Rousseau der Philosoph« geboren, wohingegen er sich bis zu diesem Zeitpunkt eher als Musiker verstanden hatte.

Die von der Akademie gestellte Frage lud dazu ein, die klassische Interpretation der abendländischen Geschichte, dass auf die Glanzzeit der Antike ein Rückfall in die Barbarei folgte, die Europa erst mit der Renaissance überwand, zu überprüfen. Der Wortlaut der Fragestellung legt eine positive Antwort nahe.

Zu Beginn seiner Schrift stellt Rousseau den historiografischen Konsens dar, um ihn dann völlig infrage zu stellen: Der zivilisatorische Prozess sei kein Fortschritt, die vermeintliche Zivilisation ein Trugschluss.

Dabei unterscheidet Rousseau zwischen geistigen und künstlerischen Errungenschaften auf der einen Seite und Tugend und Sitten auf der anderen. Tugend hat bei ihm – wie auch bei Montesquieu im *Geist der Gesetze* – keine moralische, sondern eine politische Bedeutung: Tugend ist die Identifikation mit dem Gemeinwesen, die Rousseau auch als Patriotismus bezeichnet. Kunst ist im alten, lateinischen Sinne zu verstehen; sie schließt neben den schönen Künsten auch die mechanischen Künste ein, die wir heute als Handwerk und Technik bezeichnen. Schließlich spricht Rousseau nicht von »Kultur« (denn das Wort »*culture*« bezeichnet im Französischen des 18. Jahrhunderts ausschließlich den landwirtschaftlichen Anbau von Pflanzen), sondern von »Zivilisation«. Der bürgerliche beziehungsweise gesellschaftliche Zustand (*état civil*) oder die Gesellschaft (*société*) sind die Ergebnisse des Zivilisationsprozesses. Sie werden der Natur gegenübergestellt.

Wissenschaften und Künste haben zunächst eine Trostfunktion, durch ihre Entwicklung können unterworfene, gesittete Völker (*les peuples policés*) sich über den Verlust der vormaligen Freiheit hinwegtrösten. Sie werden zu einem Macht- und Manipulationsmittel der neuen Herrscher.

Die Verfeinerung der Sitten, die den Fortschritt der Wissenschaften und Künste begleitet, kreiert neue Bedürfnisse, die die Abhängigkeit der Untertanen von ihren Herrschern und untereinander weiter vertieft. Die Menschen gewöhnen sich

an ein bequemeres Leben und begeben sich in neue Abhängigkeiten.
Die neuen Verhaltensweisen, die mit dem materiellen Fortschritt einhergehen, sind für Rousseau der entscheidende Punkt. Es etablieren sich Verhaltensnormen, die sich unter dem Begriff »Höflichkeit« (*politesse*) zusammenfassen lassen. Die Menschen lernen, unaufrichtig zu sein. Höfliche Gesellschaften sind der Unauthentizität verfallen, der Schein entspricht nicht mehr dem Sein. Auch wenn Wissenschaften und Künste nicht per se verwerflich sind, führen sie unweigerlich zum Verfall der Sitten (*dépravation* oder *dissolution des mœurs*) und zur Lockerung der (politischen) Tugend.
Diese Korrelation erhebt Rousseau zu einem universalen Gesetz: Große Reiche fallen ihrer eigenen inneren Dekadenz zum Opfer. Das Volk hat keine Tugend, das heißt keinen Gemeinschaftssinn mehr, es ist unfähig, sein Vaterland zu verteidigen. So werden die zivilisierten Völker von jüngeren, roheren Völkern leicht unterworfen. Dies ist ein allgemeines Phänomen, das sich in allen Zeiten und Orten wiederholt: in Ägypten, Griechenland, Rom, Byzanz, China. Kleinere Völker, die Authentizität und Patriotismus bewahrt haben, dienen als Gegenbeispiele: die Perser, die Skythen, die Spartaner, die Römer der Republik, die Germanen. Was die Gegenwart betrifft, sieht Rousseau diesen Gegensatz in der Gegenüberstellung der französischen Höflichkeit und der deutschen Rustizität (*rusticité tudesque*) verkörpert. Erstere ist ein Synonym für Unaufrichtigkeit, Letztere verspricht mehr Authentizität.
In seiner Verurteilung der von den Wissenschaften und Künsten eingeleiteten Veränderungen beruft sich Rousseau auf Sokrates und Platon. Sokrates habe die Unwissenheit gelobt und Platon die Dichter aus dem Staat verjagt. Selbst die Philosophie ist Rousseau verdächtig: Solange die Römer sich damit begnügt hatten, die Tugend zu praktizieren, ging es ihnen gut. Sobald sie aber anfingen, sie zu studieren und über

sie zu sinnieren, war das Ende nicht mehr weit. Wissen potenziert die schlechten Eigenschaften der Menschen; gelehrte und technisch versierte Menschen richten mehr Schaden an als primitive. Die Natur hatte die Menschen vorm Wissen bewahren wollen, aber die Menschen haben dieser Bestimmung getrotzt, indem sie versuchten, ihr Geheimnis zu lüften.

Hat Rousseau zu Beginn der *Abhandlung* nur ihre Begleiterscheinungen kritisiert, so verurteilt er im zweiten Teil die Wissenschaften und Künste an sich. Ihr Prestige als Zierde der Gesellschaft sei vollkommen unbegründet, da sie ihren Ursprung keiner edlen, zweckfreien oder tugendhaften Motivation verdanken, sondern bloß der Muße oder dem Willen zur Macht. So dienen sie nur der Gefallsucht der Künstler, die sich dem Publikumsgeschmack unterwerfen, oder schlechten Regierungen, die mit ihnen die Untertanen blenden. Eine gerechte Regierung brauche weder die Künste noch die Wissenschaften.

Ist also die Geburt der Wissenschaften und Künste schon unedel, so ist noch schlimmer, was sie zeugen: nämlich den Luxus. Luxus ist die materielle Erscheinung des Zivilisationsprozesses par excellence. Luxus verweichlicht die Menschen und macht sie feige, schafft künstliche Bedürfnisse und intensiviert die Abhängigkeiten. Dem Luxus huldigende Gesellschaften sind von Geld und Handel beherrscht, wodurch Unkäufliches wie Sittlichkeit und Gemeinschaftssinn verfällt.

In der Epoche der Aufklärung wurde über den Luxus gestritten. Die Kritik des Luxus und das entsprechende Lob der Genügsamkeit alter Völker hat Tradition.[3] Die – von Voltaire beispielhaft vertretene – Gegenposition besagt aber, dass Luxus eine Triebkraft gesellschaftlichen Fortschritts darstellt. Luxus fordert die technisch-wissenschaftliche Erfindungskraft heraus, führt zur Intensivierung und Ausdehnung des Handels, schafft Arbeit und daher globalen Reichtum, auch wenn dieser Reichtum ungleichmäßig verteilt ist und nicht alle gleichermaßen am Luxus teilhaben. Eine gute Darstellung der Polemik ist der Artikel »Luxus« in der *Enzyklopädie* (Bd. 9, 1765); er erläutert beide Positionen, entscheidet sich aber schließlich für eine positive Einschätzung des Luxus. Ohnehin ist die *Enzyklopädie* als Ganzes ein einziges Loblied auf die - auch materiellen - Erträge des Zivilisationsprozesses. Insofern steht Rousseaus Verdammung des Luxus eher quer zum Zeitgeist.

Schließlich wirft Rousseau den Wissenschaften und Künsten vor, dass sie die Unterschiede zwischen den Menschen vertiefen, wenn nicht gar begründen, denn die Talente sind nicht gleichmäßig verteilt. Die sich aus dem »Unterschied der Talente« ergebenden Hierarchien bringen die »Entwertung der Tugenden« mit sich, die »die deutlichste Wirkung aller unserer Studien und die gefährlichste ihrer Folgen« ist (D1 76). Die Entfaltung der Talente, aus der sich der Fortschritt von Wissenschaften und Künsten ergibt, zerstört eine aufrichtige politische Bindung.

Die Klage gegen das, was man mit Norbert Elias den »Prozess der Zivilisation« nennen kann, ruft bei Rousseau das Bild eines idealen Zustandes, der von diesem Prozess unberührt geblieben wäre, hervor:

Man kann über die Sitten nicht nachdenken, ohne sich das Bild der Einfachheit der ersten Zeiten in Erinnerung zu rufen. Da wendet man den Blick beständig nach einem schönen Ufer zurück, einzig von den Händen der Natur geschmückt, von dem man mit Bedauern sich entfernt fühlt. Als die unschuldigen und tugendhaften Menschen gern die Götter zu Zeugen ihrer Taten hatten, wohnten sie gemeinsam mit ihnen unter einem Dach. Doch als sie bald darauf bösartig geworden waren, wurden ihnen diese unbequemen Zuschauer lästig, und sie verwiesen sie in prächtige Tempel. Schließlich vertrieben sie sie auch daraus und richteten sich selbst dort ein, oder zumindest waren die Tempel der Götter nicht mehr von den Häusern der Bürger zu unterscheiden. Das war nun der Gipfel der Verderbtheit; niemals wurden die Laster weiter getrieben als da, wo man sie, sozusagen ausgehalten, am Eingang der Paläste der Großen auf Marmorsäulen stehen und in korinthische Kapitelle eingraviert sah. (D1 72)

Bevor der Zivilisationsprozess einsetzte, lebten die Menschen im goldenen Zeitalter. Einfachheit kennzeichnet einen solchen Naturzustand. Die Menschen waren mit sich selbst und mit ihresgleichen eins, hatten nichts zu verbergen, weder vor den Göttern noch vor ihrem Gewissen.

Alle Themen der späteren Werke sind schon in der *Abhandlung über die Wissenschaften und die Künste* angelegt: die Verklärung eines verloren gegangenen Anderen der Kultur, der Protest gegen die Unaufrichtigkeit und Unauthentizität des modernen Lebens, der Verfall aufrichtiger politischer Gefühle, die Idee, dass die Geschichte nur Verfall bringt und der Fortschrittsglaube eine Illusion sei.

Der *erste Diskurs* provozierte etliche kritische Reaktionen, die sich vor allem auf zwei Aspekte richteten. Zum einen erschien Rousseaus pauschale Verurteilung aller Erscheinungen des Zivilisationsprozesses nicht akzeptabel; zum anderen wurde die *Abhandlung* als eine Empfehlung interpretiert, zur Natur zurückzukehren, das heißt alle Erscheinungen der Kultur zu zerstören.[4] In der Tat reduziert man noch heute Rousseau auf die Parole »Zurück zur Natur«, die er doch niemals ausgesprochen hat.

Er sei missverstanden worden, antwortete er, wenn man aus seinem *Diskurs* den Schluss ziehen würde, er würde alles zerstören wollen. Zwar seien Wissenschaften und Künste Teil eines allgemeinen Dekadenzprozesses. Aber wenn einmal das Übel da sei, dann seien sie doch eine Linderung der durch den Kulturprozess entstandenen Laster.

Rousseau war sich seiner Widersprüche bewusst: Er hatte eine gelehrte Diatribe gegen die Gelehrsamkeit geschrieben, die Wissenschaften und die Künste in einer akademischen Preisschrift niedergemacht, einen eloquenten Protest gegen die Beredsamkeit erhoben, eine Kritik der Philosophie mit den Mitteln der Philosophie gewagt. Er genoss es aber, gegen den Strom zu schwimmen und zu provozieren, das, was seine Zeitgenossen selbstverständlich als raffiniert und gut empfanden, als Barbarei zu entlarven.

Dies zeichnet ihn als Kulturpessimisten aus. Die Kritik an einem optimistischen Zivilisations- und Fortschrittsglauben findet bei ihm eine ihrer ersten Formulierungen. Auch wenn wir heute mit »Natur« etwas anderes meinen – Rousseau meinte die Natur des Menschen oder die Natur im Menschen; wir meinen damit die Welt um den Menschen herum, insofern diese Welt vom Handeln des Menschen unberührt bleibt –, können wir seine Zweifel am »künstlerischen« (das heißt auch technischen) und wissenschaftlichen Fortschritt sehr gut nachvollziehen. Das, was als selbstverständlicher Fortschritt erschien, erweist sich als Zerstörung oder Barbarei. In einer gewissen Hinsicht ist uns Rousseaus Position sehr vertraut geworden, wo sie für die Zeitgenossen eine echte Provokation darstellte. Das Misstrauen gegen den zivilisatorischen Optimismus und Fortschrittsglauben gehört inzwischen zu unserem Selbstverständnis.

Motive der Kulturkritik Rousseaus findet man heute im Gedankengut einer grünen Welt- und Gesellschaftsauffassung, auch wenn Rousseau keine ihrer direkten Referenzen ist: das Bewusstsein für die durch menschliches Handeln verursachten Zerstörungen, der Wunsch nach Authentizität, die Ablehnung der gesellschaftlichen Komödie, die Suche nach einfachen, unaufwendigen Lebensweisen.[5]

Darüber hinaus kann man Rousseau als eine kritische Stimme innerhalb der Aufklärung lesen. Wo seine Zeitgenossen an die befreiende Macht der Vernunft und den sich daraus ergebenden Fortschritt glauben, weist Rousseau auf die Grenzen und Gefahren hin. Es ist naiv zu glauben, dass Vernunft und Fortschritt die Menschen mündig und glücklich machen werden. Eine ähnliche Kritik haben in der zweiten Hälfte des 20. Jahrhunderts Philosophen wie Theodor W. Adorno und Max Horkheimer in der *Dialektik der*

Aufklärung oder Michel Foucault entwickelt: Mit unterschiedlichen Ansätzen und Akzenten richten sie ihr Augenmerk auf die Grenzen und die mögliche Instrumentalisierung des aufgeklärten Vernunft- und Fortschrittsglaubens. Die tatsächliche Instrumentalisierung von Wissenschaft, Kunst und Kommunikation durch totalitäre Regime, eine rational begründete Gewalt und Zerstörungswut könnten ein Gesicht dessen sein, was Rousseau mit der Barbarei der Zivilisation meinte.

Auf der anderen Seite stießen wir im *ersten Diskurs* auf zahlreiche Motive, die für uns zu einem beunruhigenden Syndrom werden: die systematische Verunglimpfung der Intelligenz, die Brutalität der von Rousseau als Alternativen zur Zivilisation vorgeschlagenen Modelle, die zumindest verbale Zerstörungswut. In Sparta, im antiken Rom, bei den »jungen« Völkern preist Rousseau primitive und kriegerische Qualitäten. Er lobt die blinde Bereitschaft, sich für das Vaterland zu opfern. Hinter der Sentimentalität seiner Darstellung einfacher Verhältnisse verbirgt sich die hartnäckige Ablehnung jeglicher Form von Komplexität, sei es im wirtschaftlichen, sozialen oder künstlerisch-technischen Bereich. Das alles hat heute – aus unserer historischen Perspektive – einen totalitären Beigeschmack.

Schon bei der Lektüre seines ersten philosophischen Opus wird die Schwierigkeit, ihn einzuordnen, deutlich. Ist die Zusammenkunft aller erwähnten Motive als bloße rhetorische Übertreibung zu verstehen? Letztlich hat sie Rousseau nicht erfunden, es sind sogar zum Teil alte Stereotypen. Und die polemische Zuspitzung, die Lust auf Provokation ist durchaus in seiner Manier. Oder soll man sie als die Symptome einer verdeckten totalitären Gesinnung interpretieren?

Man darf zumindest die Affinitäten mit totalitären Denkfiguren nicht unerwähnt lassen, zumal einige Ideologen – und auch Gegner[6] – verschiedener totalitärer Regime sie selbst geltend gemacht haben.

Musik als Brennpunkt kulturpolitischen Denkens

In seinen Schweizer Jahren, insbesondere bei Madame de Warens, musizierte Rousseau viel, gelegentlich erteilte er Musikunterricht. Als er sich 1742 das erste Mal in Paris aufhielt, stellte er dank der Vermittlung des Naturwissenschaftlers Réaumur[7] der Akademie der Wissenschaften das *Projekt neuer Musikzeichen* vor. Das System wurde zwar nie von praktizierenden Musikern übernommen, aber immerhin seitens der Akademie wohlwollend rezipiert. Gleich darauf veröffentlichte er eine *Dissertation über moderne Musik* (1743) und arbeitete an einer Oper, *Die galanten Musen* (1745). Er wurde sogar gebeten, Rameaus nach einem Libretto von Voltaire komponierte Oper *Fêtes de Ramire* für eine neue Aufführung zu überarbeiten. All diese Erfolge veranlassten Diderot und d'Alembert, ihn im Winter 1749, noch vor der *Abhandlung über die Wissenschaft und die Künste* mit der Redaktion der Musikartikel für die von ihnen geplante *Enzyklopädie* zu beauftragen.

Kompositorisch wie theoretisch wurde die damalige französische Musik von Jean-Philippe Rameau (1683–1764) beherrscht. Rameau hatte zahlreiche Akustik- und Harmonietraktate verfasst und war vor allem für sein Opernschaffen berühmt. Seine Opern sind der Gattung der *tragédie lyrique*, der französischen Variante der Opera seria, zuzuordnen. Die *tragédie lyrique* galt zu jener Zeit als nobelste Musikgattung und stellte die komische Oper wie auch die Instrumentalmusik in den Schatten. Sie war der Monarchie eng verbunden: Das Recht, Opern aufzuführen, war ein königliches Privileg, das der von Jean-Baptiste Lully geleiteten Königlichen Musikakademie erstmals 1689 eingeräumt wurde. Die *tragédie lyrique* ist durch mythologische Themen und eine aufwendige Dramaturgie gekennzeichnet; Maschinen lassen Wunder aller Art – Monster, Naturphänomene, Gottheiten – auf der Bühne erscheinen. Haltungen und Gesten sind symbolisch kodiert, auf psychologische Wahrscheinlichkeit wird weniger geachtet. Wichtig ist das luxuriös gestaltete Gesamtspektakel. Im Pomp der *tragédie lyrique* spiegelt sich die königliche Macht wider.

Doch um 1750 kommt aus Italien ein neuer Trend. Die Truppe der italienischen Buffonisten pflegt eher die komische Oper und entwickelt sie in Richtung bürgerliches Drama. Ursprünglich durfte sie an der königlichen Oper nicht aufgeführt werden. Die Buffonisten stellen einfache Charaktere mit einfachen Gefühlen dar, wobei sie um psychologische Glaubwürdigkeit und Ausdruckskraft bemüht sind. Sie singen virtuose und vor allem bewegende Arien. Das gefällt vielen Zeitgenossen, insbesondere Rousseau und den meisten Enzyklopädisten. Mit der italienischen verglichen erscheint die französische Musik gekünstelt, kalkuliert und letztlich langweilig.

Das königliche Privileg wurde gelockert, und die Buffonisten durften 1752 die *Serva Padrona* von Pergolesi an der Pariser Oper aufführen, was das Publikum spontan in leidenschaftliche Gegner und Enthusiasten teilte. Die Anhänger des neuen italienischen Geschmacks versammeln sich in der Ecke unter der Loge der Königin, die Verteidiger der französischen Tradition in der Ecke des Königs. Auch »Krieg der Ecken« genannt, wird der Buffonisten-Streit der Jahre 1752 und 1753 zur Staatsaffäre und löst eine Lawine von Pro- und Contra-Pamphleten aus. Für die einen ist die Adelung der Opera buffa durch die Aufführung im königlichen Opernhaus ein Affront gegen die Tradition der *tragédie lyrique*; für die anderen löst sie genau das ein, was von Musik zu erwarten ist: Rührung durch Vermittlung einfacher Gefühle.

Rousseau greift mit seinem *Brief über die französische Musik* von 1753 in die Polemik ein.[8] Er mokiert sich über eine französische Musik, der es an melodischen Einfällen mangelt.

Ohne Rameau beim Namen zu nennen, disqualifiziert er dessen Musik als bloß handwerklich versiert und gekünstelt. Seine Musikdramaturgie sei willkürlich – statt psychologische Funktionen zu übernehmen, geben die Arien den Sängern nur Gelegenheit, ihre Virtuosität unter Beweis zu stellen.[9] Hinzu komme, dass sich die französische Sprache zum Singen schlecht eigne und die Rezitative den Rhythmus der gesprochenen Sprache stören. Gemeinsamer Nenner aller dieser Vorwürfe ist die Unnatürlichkeit der von Rameau verkörperten Tradition: Unnatürlichkeit des Gesangs, der Psychologie, der Dramaturgie, der Musik selbst.

Die Begegnung mit der Opera buffa veranlasste nicht nur Rousseau, sondern auch befreundete Zeitgenossen wie Melchior Grimm und Denis Diderot, sich von dem zuvor bewunderten Rameau abzuwenden. Rousseau hat die in der Buffonisten-Polemik entwickelten Gedanken in zwei späteren Werken vertieft und theoretisch begründet, im *Essay über den Ursprung der Sprachen* (1754–1761 geschrieben, 1781 posthum veröffentlicht) und im *Wörterbuch der Musik* (1767). Diese Musikästhetik basiert auf zwei Grundthesen. Die erste Grundthese ist die Überlegenheit der Melodie gegenüber der Harmonie. Allein die Melodie sei natürlich, die Harmonie ein Produkt der Kunst. Für Rameau hingegen war die Harmonie der Schlüssel zur Musik, auch zur Melodie: Die Harmonie folge den Gesetzen der Akustik; Klangkörper lassen verschiedene Töne erklingen, neben dem Hauptton auch die Obertöne. Die Struktur der Melodie – die Funktion der verschiedenen Töne in der Tonleiter – ergebe sich aus der prinzipiell harmonischen Natur des Klangs. Dass Harmonie natürlich sei, sei auch dadurch bewiesen, dass sie passiv, das heißt von musikalisch nicht ausgebildeten Laien, wahrgenommen werden könne.

Rousseau bestreitet die fundamentale Relevanz, die Rameau der Harmonie zuweist. Für ihn ist Musik ursprünglich und hauptsächlich Melodie, die Harmonie ist Zusatz. Dass die Melodie natürlich sei, zeigt sich dadurch, dass Laien sie spontan aufzunehmen und wiederzugeben vermögen. Hingegen sei die Harmonie bloß eine im Laufe der Geschichte immer komplexer formulierte Verdichtung der melodischen Linie, deren Schaffung und Verständnis erlernt sein will. Harmonie sei somit die musikalische Erscheinungsform des Zivilisationsprozesses. Melodie sei Natur, Harmonie Kunst. Melodie sei der Ausdruck der Leidenschaften, Harmonie ein überflüssiges handwerkliches Können, ein »willkürliches Ornament«. Die Melodie spreche direkt das Herz an und sei somit gut, die Harmonie spreche nur die Sinne oder den Kopf, insbesondere der entsprechend Gebildeten, an und sei somit schlecht. Eine gute – melodische – Musik gefällt allen, auch den einfachen Leuten, die von der Harmonielehre nichts wissen. Rousseau geht so weit, dass er harmonische Recherche – wie bei Rameau meisterhaft vorhanden – als Zeichen eines Mangels an Inspiration verunglimpft: Nur der feile an der Harmonie, wer keine melodische Inspiration habe.

Daher die Überlegenheit der neuen italienischen Musik in Rousseaus – und vieler seiner Zeitgenossen – Augen: Sie ist einfach, melodisch, rührend. Handlung und Charaktere sind dem einfachen, realen Leben entnommen, jeder kann sich mit den auf der Bühne und in der Musik ausgedrückten Gefühlen identifizieren.

Rousseaus Idee, die Harmonie sei im Gegensatz zur Melodie nicht natürlich, wirkt auf den ersten Blick merkwürdig, da Rameau selber sich auf die Natur berief.[10] Rousseaus Attacken gegen die von Rameau verkörperte Tradition und Gedankenwelt sind Teil einer ideengeschichtlich wichtigen Wandlung des Naturbegriffes: Natur war für Rameau, wie auch schon für Descartes, die Gesamtheit der Phänomene, die den Menschen umgeben. Für Rousseau ist Natur hingegen die Natur im Inneren des Menschen, es sind die Leidenschaften, wovon die Melodie der getreue Ausdruck sein soll.[11] An diesem Unterschied wird deutlich, dass Rameau physikalisch-objektiv, Rousseau emotional-subjektiv argumentiert.

Die zweite Grundthese besagt, die Musik sei die Sprache des Herzens. Sie solle authentische Leidenschaften zum Ausdruck bringen und das Herz des Zuhörers rühren. Rameau hingegen spreche mit seiner konstruierten Musik nur den Kopf und den Gehörsinn an, ohne zum Herzen vorzudringen. Diese Musik entspreche dem dekadenten und gekünstelten Geschmack der aristokratischen Gesellschaft, die nur ein oberflächliches Vergnügen in der Musik suche. Solche Musik sei bedeutungslos, weil unmoralisch. Musik solle nicht so sehr »gefallen« als »rühren«. Der *Essay über den Ursprung der Sprachen* (Kap. XV) betont den ethischen Wert einer gefühlsmäßigen Musik. Eine Musik, die nur angenehm wäre, wäre nichtssagend. Klangfolgen sind nicht an sich schön; das musikalische Vergnügen wird über die Emotion definiert. Der Zuhörer und seine Fähigkeit, gerührt zu werden, rücken in das Zentrum der musikästhetischen Überlegungen.
Mit seiner Oper *Le Devin du village* (1752) hatte Rousseau ein Beispiel für eine unmittelbar das Herz ansprechende Musik geben wollen. Mitwelt und Nachwelt zeigten sich von den schlichten Arien der Liebesgeschichte zwischen Bauernkindern freilich wenig gerührt.
Erfolgreicher in der Umsetzung seiner Ideen war Christoph Willibald Gluck. Obwohl dieser in seinen Opern auf große mythologische Themen (*Orpheus*, *Alcest*) zurückgriff, erkannte Rousseau ihn in den 1770er Jahren als Meister der von ihm mitpropagierten Musikästhetik an. In der Tat hatte Gluck über seinen Librettisten die Musikschriften Rousseaus und anderer Philosophen aus dem *Enzyklopädie*-Kreis rezipiert.
Aus heutiger Sicht gilt, dass Rameau ein genialer Komponist und zugleich ein radikaler Musiktheoretiker war. Er hatte das Pech, einer Ästhetik verpflichtet zu sein, die um 1750 herum als endgültig überholt empfunden wurde. Rousseau hingegen spürte den epochalen Wandel des Geschmacks und verlieh ihm eine kulturphilosophische Grundierung.
Sein Beharren auf der Musik als Sprache der Emotionen erwies sich als weitsichtig. Er machte den Weg für ein freieres

und moderneres Verständnis der Musik und ihrer Wirkung frei. Verschlossen blieb ihm jedoch die seinem Denken eigentlich nahe liegende Vorstellung einer absoluten Musik, um deren Entwicklung das 19. Jahrhundert so fruchtbar rang, denn er weigerte sich hartnäckig, die Eigengesetzlichkeit der Musik als Wert anzuerkennen.
Letztlich boten ihm Musik und Musiktheorie die Möglichkeit, den Natur-Kultur-Gegensatz zu exemplifizieren.

Politische Grundbegriffe:
die *Abhandlung über den Ursprung und die Grundlagen der Ungleichheit unter den Menschen* und die *Abhandlung über die politische Ökonomie*

Eine Gelegenheit, die im *ersten Diskurs* entwickelte Kritik gesellschaftlicher Verhältnisse zu vertiefen, bot einige Jahre später eine weitere Frage der Akademie zu Dijon: »Welches ist der Ursprung der Ungleichheit unter den Menschen, und ist sie durch das natürliche Gesetz gerechtfertigt?«

Bereits in seiner Antwort auf die Anmerkungen des polnischen König Stanislaus zum *ersten Diskurs* hat Rousseau die Ungleichheit als die erste Quelle allen Übels in den menschlichen Gesellschaften genannt.[12] Nun will er den Ursprung der Ungleichheit erforschen.

Er bezeichnet die zu behandelnde Frage als eine der wichtigsten philosophischen Fragen, die zugleich eine der schwierigsten sei, denn sie erfordere die Kenntnis der wahren Natur des Menschen. Diese aber sei vom Kulturprozess entstellt worden und somit schwer zu bestimmen (D2 23). Die menschliche Natur ist in Rousseaus Verständnis sowohl der gemeinsame und unveränderliche Kern wie auch der ursprüngliche Zustand des Menschen, bevor der Kulturprozess einsetzte und Differenzierung zwischen den Menschen mit sich brachte.

Von der korrekten Erfassung dieser menschlichen Natur hängt das Verständnis der Prozesse, die die Ungleichheit in den Gesellschaften verursachen, ab. Ebenso erschließt sich aus ihr die Bestimmung des »natürlichen Gesetzes«. Nur eine dem natürlichen Gesetz konforme gesellschaftliche Organisation ist dem Wesen der Menschen angemessen und in Vernunft begründet.

Rousseau ist sich der Schwierigkeit des Unterfangens bewusst: Keinem Philosoph sei es bislang gelungen, zum Kern der menschlichen Natur vorzudringen, denn »sie sprachen vom wilden Menschen [*homme sauvage*] und beschrieben den zivilisiert-bürgerlichen Menschen [*homme civil*]« (D2 33). Da alle Zeugnisse über den Urzustand unzuverlässig seien, schlägt Rousseau eine andere argumentative Bahn ein. Er konstruiert den Naturzustand über eine von der Vernunft geleitete Spekulation: »Beginnen wir also damit, alle Tatsachen beiseite zu lassen, denn sie berühren nicht unsere Frage. Man darf nicht die Untersuchungen, in die man über dieses Thema eintreten kann, für historische Wahrheiten halten, sondern nur für hypothetische und bedingte Überlegungen, die mehr dazu geeignet sind, die Natur der Dinge zu erhellen, als ihren wirklichen Ursprung aufzuzeigen, und die denen ähnlich sind, die unsere Naturforscher alle Tage über die Entstehung der Welt anstellen« (D2 33).

Rousseau betont, dass seine Schilderung des Naturzustandes keine historische Darstellung, sondern eine philosophische Spekulation sei. Um den Menschen im Naturzustand erfassen zu können, sollte man den Menschen aller seiner im gesellschaftlichen Leben erworbenen Eigenschaften spekulativ entkleiden. Diese Spekulation sei notwendig, um die Eigenschaften des späteren gesellschaftlichen - oder in Rousseaus Worten: »zivilen« - Menschen als solche verstehen zu können.

Rousseaus Hauptanliegen im *zweiten Diskurs* ist es, die beispielhaft von Aristoteles vertretene These zu entkräften, dass Ungleichheit in der Natur angelegt und daher legitim sei. Zwar gesteht Rousseau ein, dass es in der Natur Ungleichheiten gibt; die einen rennen schneller als die anderen, prügeln sich besser, sind schöner usw. Im Naturzustand aber erweisen sich diese Unterschiede als irrelevant, sie sind ohne dauerhafte Tragweite für das Leben der Menschen. Erst ihre Institutionalisierung im gesellschaftlichen Zustand verfestigt ihre Effekte und macht sie zu Grundstrukturen menschlicher Gesellschaften.

Die *Abhandlung über den Ursprung und die Grundlagen der Ungleichheit unter den Menschen* (1755) ist in zwei Teile gegliedert: Der erste schildert den mutmaßlichen, von Rousseau rekonstruierten Naturzustand; der zweite beschreibt die allmählichen Verwandlungen des Natur- in den Zivilisationsmenschen sowie die damit verbundene Verfestigung und Institutionalisierung der Ungleichheit.

Das Leben des Naturwesens ist einfach: »Ich sehe, wie es sich unter einer Eiche sättigt, am erstbesten Bach seinen Durst stillt und sein Lager am Fuß desselben Baumes findet, der ihm sein Mahl gespendet hat« (D2 36). Da sein Körper »das einzige Werkzeug ist« (D2 36), das der Naturmensch kennt, ist jener optimal entwickelt und stark. Der Naturmensch ist robust und gesund; er wird kaum von Krankheiten befallen, die eine typische Zivilisationserscheinung seien. Er ist genügsam und unabhängig, lebt im Einklang mit der Natur, die ihm alles bietet, was er zur Befriedigung seiner unmittelbaren Bedürfnisse braucht. In dieser Hinsicht ist er den Tieren nicht unähnlich. In der Tradition von René Descartes, der Lebewesen als »Maschinen« charakterisiert hat, spricht Rousseau von der »menschlichen Maschine« (D2 44), die die Natur mit allem versehen hat, was zu ihrem Erhalt notwendig ist. Der »Mechanismus« wird von seinen Sinnen sowohl beherrscht wie auch geleitet.[13] Die Natur sorgt dafür, dass er das Gleichgewicht, in dem er lebt, nicht zerstört. Der Naturmensch hat auch nur so viele Ideen, wie er Sinne hat. Sein Denkvermögen ist auf die Befriedigung von unmittelbaren Bedürfnissen ausgerichtet. Diese sind bescheiden und gering an Zahl, da Rousseau zufolge die meisten unserer Bedürfnisse vom gesellschaftlichen Leben künstlich produziert werden.

Die seelischen und kognitiven Eigenschaften des Naturmenschen leitet Rousseau aus zwei Grundeigenschaften, die er schon im Vorwort der *Abhandlung* erörtert, ab: aus der Selbstliebe (*amour de soi*) und dem Mitleid. Beide sind in der Natur des Menschen angelegt und älter als die Entwicklung der Vernunft. Die Selbstliebe lässt »uns leidenschaftlich auf unser Wohlbefinden und unsere Selbsterhaltung bedacht sein«, während das Mitleid »uns einen natürlichen Widerwillen einflößt, irgendein fühlendes Wesen, und hauptsächlich unseresgleichen sterben oder leiden zu sehen« (D2 26). Das Mitleid »mäßigt« die Effekte der Selbstliebe und sorgt für die Erhaltung »des ganzen Geschlechtes«. Als Fähigkeit, sich mit dem Leiden anderer zu identifizieren, ist das Mitleid die Quelle aller altruistischen und auf Gegenseitigkeit basierenden Verhaltensformen. Ethisches Verhalten habe eine natürliche Grundlage. So lassen sich die beiden Maximen, auf die sich nach Rousseau ethisches Verhalten zurückführen lässt – »*Handele anderen gegenüber so, wie du willst, daß man dir gegenüber handele*« und »*Sorge für dein Wohl mit so wenig Schaden für andere wie möglich*« (D2 64) –, spontan, das heißt unabhängig von Vernunft oder Unterweisung, vom Naturmenschen nachvollziehen. Aus der Fähigkeit zum Mitleid oder zur Einfühlung erwächst die natürliche Güte des Menschen. Zwar mag der Naturmensch im Sinne der Selbstliebe egoistisch oder manchmal brutal handeln (Rousseau schließt nicht aus, dass er sich mit seinem Mitmenschen prügelt oder ihn gar ermordet); da seine Selbstliebe aber instinktbedingt sei, sei der Naturmensch als solcher weder gut noch böse, sondern amoralisch.[14] In diesem Punkt unterscheidet sich Rousseau zum Beispiel von Thomas Hobbes, der einen Hang zum Bösen im Menschen angelegt sieht. Die Fähigkeit zum Mitleid sorgt bei Rousseau für die grundsätzliche Menschlichkeit des Menschen, auch wenn diese manchmal mit dem Selbsterhaltungstrieb beziehungsweise mit der Selbstliebe in Konflikt gerät. Außerdem ist im Naturzustand die Fähigkeit, Mitleid zu empfinden, von der Vernunft noch nicht korrumpiert, denn die Vernunft ist noch nicht entwickelt.

Kennzeichnend für das Leben im rousseauschen Naturzustand ist darüber hinaus die Einsamkeit des Menschen. Er ist kein Herdenmensch. Mann und Frau begegnen sich nur für die Paarung. Mütter hüten ihre Kinder nur bis zu dem

Moment, in dem sich diese selbst versorgen können. Da jeder seinen Weg geht, kommen die Menschen nur zufällig in Kontakt, und dieser Kontakt gestaltet sich immer kurz. Zwar kann es zu Konflikten, etwa um Nahrung oder Frauen, kommen, in denen der Kräftigere sich durchsetzt. Die Art und Weise, wie diese Konflikte gelöst werden, ist aber nicht maßgebend, da die streitenden Parteien sich immer wieder trennen. Dieser Punkt ist sehr wichtig für Rousseaus Rekonstruktion des Naturzustandes und für die Gegenüberstellung von Natur und Gesellschaft. Weil der Mensch allein lebt, führen die tatsächlich in der Natur vorhandenen Unterschiede nicht zu Ungleichheit. Weil er allein lebt und weil seine Bedürfnisse so bescheiden sind, macht sich der Naturmensch nicht von anderen abhängig. Erst die Intensivierung von gesellschaftlichen Beziehungen führt zu Abhängigkeiten, die der Ursprung späterer Hierarchien und Ungleichheiten sind. Die einzig relevante, weil konsequenzträchtige Ungleichheit ist die institutionalisierte Ungleichheit, nicht die natürliche.

Folgendes Porträt des Menschen im Naturzustand fasst alle ihm von Rousseau zugeschriebenen Eigenschaften und Lebensweisen anschaulich zusammen:

Schließen wir daraus, daß der Wilde ohne Gewerbefleiß, ohne Sprache, ohne Wohnstätte, ohne Krieg und ohne jedes Bedürfnis nach seinen Mitmenschen sowie ohne jede Begierde, diesen zu schaden, vielleicht sogar ohne jemals irgendeinen von ihnen einzeln wiederzuerkennen, in den Wäldern umherschweifend, dabei wenigen Leidenschaften unterworfen und sich selbst genügend, nur die Gefühle und Erkenntnisse hatte, die für seinen Zustand geeignet waren; daß er nur seine wirklichen Bedürfnisse verspürte, nur das ansah, was zu sehen ihm vom Interesse schien, und daß seine Intelligenz keine größeren Fortschritte machte als seine Eitelkeit. Wenn er zufällig eine Entdeckung machte, vermochte er sie um so weniger mitteilen, als er nicht einmal seine Kinder kannte. Jede Kunstfertigkeit ging mit ihrem Erfinder unter. Es gab weder Erziehung noch Fortschritt; die Generationen folgten nutzlos aufeinander; und indem jede von demselben Punkt ausging, verflossen die Jahrhunderte in der ganzen Roheit der ersten Zeiten; die Gattung war schon gealtert, doch der Mensch blieb noch Kind. (D2 69)

In dieser Mischung aus Bukolik und einer gewissen Brutalität (die aber ethisch irrelevant sei) steht die Zeit still. Da der Mensch allein lebt, gibt es keine Vermittlung welcher Art auch immer: keine Sprache, keine Erziehung, keine Tradierung von Wissen und Erfindung. Keine der bis jetzt erwähnten natürlichen Eigenschaften oder Kompetenzen führt zu bedeutenden Veränderungen der Gattung. Der Naturzustand wird als ein stabiler dargestellt.

Jedoch verfügt der Naturmensch über zwei Eigenschaften, die die Geschichte und die kulturelle Evolution vorantreiben können. Diese zwei Eigenschaften sind zugleich die, die den Naturmenschen von den Tieren unterscheiden: Es sind der freie Wille und die Perfektibilität, das heißt die Fähigkeit zur Vervollkommnung. Anders als das Tier, das seinem Instinkt gehorcht, handelt der Mensch frei, was die Bandbreite der möglichen Handlungen vergrößert. Die Perfektibilität stellt eine ambivalente Eigenschaft dar – als natürliche Eigenschaft ist sie eher neutral, doch den von Rousseau beschriebenen Stillstand weicht sie auf.

Die Perfektibilität ist notwendig, um das Aufkommen bestimmter menschlicher Merkmale, vor allem den Ursprung der Sprache erklären zu können. Laut Rousseau ist der Naturmensch sprachlos, er drückt nur Affekte durch unartikulierte Laute aus. Das Sprechen ist typischerweise eine menschliche Kompetenz, die im Naturzustand virtuell angelegt ist und aktualisiert werden muss.

Die Passagen, die im *zweiten Diskurs* dem Ursprung der Sprache gewidmet sind (D2 51–57), thematisieren die Entstehung der Sprache, ohne sie erklären zu können oder erklären zu wollen. Auch überrascht der empörte und alarmistische Ton, mit dem die Entwicklung typisch menschlicher Eigenschaften wie Sprache, soziale Beziehungen und Bindungen präsentiert wird. Sie wird als Verhängnis dargestellt. Der Übergang vom Naturzustand in den gesellschaftlichen Zustand sei etwas, was sich gegen alle Wahrscheinlichkeit ereignet habe und wohl auf eine äußere Ursache zurückgehe. Sich selbst überlassen, hatte der Mensch keinen Grund, den Naturzustand zu verlassen. Denn im stabilen Naturzustand werde die Perfektibilität gar nicht angesprochen.

Auch wenn der Mensch im Naturzustand als amoralisch dargestellt wird, ist der Naturzustand als spekulative Konstruktion eine intellektuelle Waffe: Er ist das Andere des gesellschaftlichen Zustands mit all seinen Defiziten und Ungerechtigkeiten. Insofern stellt er einen positiven Pol dar. Umgekehrt wird alles, was mit dem gesellschaftlichen Zustand zu tun hat, selbst die Entwicklung der Vernunft, als unnötig charakterisiert und sogar als potenzieller Verfallsfaktor degradiert.

Die Geburt der Sprache war nur die Vorwegnahme der Entwicklungen, die im zweiten Teil aufgezeichnet werden. Allmählich ändert die Perfektibilität das Leben. Die Menschen werden erfinderisch, um ihre Lebensbedingungen bequemer und sicherer zu machen; Jagd, Fischerei, Beherrschung des Feuers, Hausbau, Kleidung verfeinern sich. Dabei sind die Menschen aufeinander angewiesen, so dass ihre Beziehungen intensiver werden, zuerst innerhalb der Familien (die dann auch zusammenbleiben), dann in größeren Gemeinschaften. Das gemeinsame Leben macht ein präziseres Kommunikationsmittel notwendig, was zur Erfindung der Sprache führt. Erste Wirtschaftsbeziehungen entstehen, die für die Regulierung des Gemeinschaftslebens notwendig sind.

Das gemeinsame Leben führt also zu einer kulturanthropologischen Wende. Da sie miteinander leben, entwickeln die Menschen Bindungen und Gefühle füreinander, Liebe, Zuneigung oder Hass. Die Geschlechterrollen differenzieren sich. Der Mann jagt, die Frau hütet das Haus. Der Umgang wird zärtlicher.

Die Menschen beginnen aber auch, sich untereinander zu vergleichen. Sie etablieren Unterschiede und Hierarchien. Es entstehen Neid, Konkurrenz und Heuchelei, da man einen guten Umgangston pflegt. Die soziale Komödie setzt ein.
Allmählich ist man technisch in der Lage, Bedürfnisse zu befriedigen, deren Realisierung nicht lebensnotwendig ist und zudem immer neue Bedürfnisse kreiert. Das Gleichgewicht zwischen den Wünschen und den Möglichkeiten, sie zu erfüllen, wird zerstört.
Die Verdichtung des Beziehungsgeflechts und die Notwendigkeit, die entstehenden Gemeinschaften besser und effektiver zu versorgen, zwingt die Menschen nicht nur zur Kooperation, sondern auch zur Aufteilung der Aufgaben:

> solange sie sich nur Arbeiten zuwandten, die einer allein ausführen konnte, und nur solchen handwerklichen Künsten, die nicht das Zusammenwirken mehrerer Hände nötig machten, lebten sie so frei, gesund, gut und glücklich, wie sie es ihrer Natur nach nur sein konnten, und genossen untereinander weiterhin die Wonnen eines unabhängigen Umgangs miteinander. Aber von dem Augenblick an, da ein Mensch die Hilfe eines anderen benötigte, und sobald man gewahr wurde, daß es einem einzelnen nützlich ist, Vorräte für zwei zu haben, verschwand die Gleichheit, das Eigentum kam auf, die Arbeit wurde zur Notwendigkeit [...]. (D2 84)

Der Naturzustand kannte weder Arbeit noch Arbeitsteilung, noch Eigentum. Sie sind Begleiterscheinungen der engeren Beziehungen zwischen den Menschen und ziehen größere Abhängigkeiten nach sich.
Die Entwicklung beschleunigt sich durch zwei hochspezialisierte und Zusammenarbeit erfordernde Beschäftigungen: die Metallurgie und die Landwirtschaft. Die erste liefert die Werkzeuge, die die zweite ermöglichen.
Die entscheidende Veränderung, die die Schwelle zum gesellschaftlichen Zustand markiert und sich direkt aus der Landwirtschaft ergibt, ist die Einführung des Eigentums. Die Frage

nach dem Eigentum, nach dessen Begründung, Legitimität und Erhalt ist für das Verständnis von Ungleichheit eine wesentliche Frage.[15]

Deshalb wird im *zweiten Diskurs* eine Genealogie des Eigentums rekonstruiert. Der Ackerbau macht die Teilung des Ackerlandes notwendig. Zunächst okkupieren die Bauern das Stück Land, das sie selbst kultivieren. Diese kontinuierliche Besetzung durch die Landarbeit verwandelt sich dann allmählich in ein von allen akzeptiertes und respektiertes Eigentum (D2 86 f.).

Unter diesen Bedingungen aber erhalten die vorhandenen – im Naturzustand noch wenig konsequenzträchtigen – Unterschiede zwischen den Menschen eine ganz andere Bedeutung: »Auf diese Weise entfaltet sich die natürliche Ungleichheit unmerklich mit derjenigen, die daraus resultiert, daß die Menschen in Verbindung untereinander stehen, und die Unterschiede zwischen den Menschen, die sich durch die Verschiedenheit der Umstände entwickelt haben, werden spürbarer, dauerhafter in ihren Auswirkungen [...]« (D2 87). Die aus der ersten kontinuierlichen Besetzung des Landes durch Arbeit sich ergebenden Eigentumsverhältnisse sind nicht gerecht, auch wenn die Arbeit ihnen eine gewisse Legitimität verschafft. Sie spiegeln Machtverhältnisse wider, die sie wiederum verfestigen. Sie sind im Grunde nichts anderes als eine geschickte Usurpation oder eine Institutionalisierung des Rechts des Stärkeren, des Reicheren.

Diese an sich nicht gerechte Verteilung des Landes muss aber geschützt werden, um den zivilen Frieden und die Sicherheit aller zu wahren. Denn es drohen permanente Gewalt und Angriffe gegen das Eigentum der Einzelnen. Gesetze werden allmählich notwendig, um die Verhältnisse der Menschen untereinander zu regeln.

Deshalb gehen die Menschen auf einen ersten Vertrag ein, durch den sie die entstandene Situation akzeptieren (D2 91 f.). Somit wird das positive Recht geboren, das bekanntlich nicht unbedingt gerecht ist. Wenngleich dieser

Vertrag und die sich aus ihm ergebenden positiven Gesetze nicht gerecht sind (dieser Vertrag ist nicht der spätere, ideale »Gesellschaftsvertrag«), ist er doch besser als die allgemeine Gewalt und Unsicherheit der Eigentumsverhältnisse, die die Landarbeit gefährden würden.[16]

In den sich bildenden Gesellschaften ersetzt das Zivilrecht das Naturgesetz. Gesetze, die das Eigentum institutionalisieren und regeln, bilden das Modell für die Erarbeitung weiterer Gesetze. Der Eintritt in den gesellschaftlichen Zustand ist mit dem Verlust aller für den Naturzustand charakteristischen Eigenschaften und Lebensformen verbunden: mit dem Verlust von Eigenschaften, die eine direkte politische Bedeutung haben wie Freiheit und Gleichheit[17], aber auch mit dem Verlust von kulturanthropologischen Qualitäten wie Unabhängigkeit, Genügsamkeit und dem Gleichgewicht zwischen Wünschen und den Möglichkeiten, sie zu befriedigen.

Es bilden sich einzelne, untereinander verfeindete Gesellschaften, die zukünftigen Nationen, wohingegen im Naturzustand die Menschheit noch ungeteilt war. Anders als innerhalb der einzelnen Gesellschaften, in denen jetzt das Zivilrecht das Leben der Bürger regelt, herrschen zwischen den Gesellschaften ungeregelte, naturrechtsähnliche Verhältnisse. Hier kommt es zu gewalttätigen Auseinandersetzungen bisher nicht gekannten Ausmaßes, die durch das auf Samuel Pufendorf und Hugo Grotius zurückgehende Völkerrecht (*droit des gens*) nicht effizient geregelt werden konnten. Das Zersplittern der Menschheit in verfeindete Gruppen und die Geburt des Krieges sind weitere Katastrophen, die die Abkehr vom Naturzustand begleiten: »die Kriege zwischen den Nationen, die Schlachten, die Mordtaten, die Vergeltungsmaßnahmen [...], welche die Natur schaudern machen und die Vernunft empören, und alle jene schrecklichen Vorurteile, welche die Ehre, menschliches Blut zu vergießen, in den Rang der Tugenden erheben« (D2 94).

Rousseau entkräftet die traditionelle Legitimierung von Gesellschaften und Regierungen durch ein vermeintliches Eroberungsrecht oder durch eine vermeintlich natürliche Akzeptanz der Tyrannei seitens der Schwachen. Auch lehnt er das Modell der väterlichen Autorität als Legitimation für die Macht der Herrschenden ab, da die väterliche Autorität immer wohlwollend und auf die Zeit, in der das Kind nicht selbstständig sein kann, beschränkt ist. In diesem *Diskurs* sind alle positiven Gesetze und Regierungen in unterschiedlichem Maß ungerecht und illegitim. Leben und Freiheit sind Gaben der Natur, deren niemand beraubt werden darf, ohne das menschliche Dasein als solches zu verletzen. Alle Versuche der Rechtfertigung von Despotismus sind nur ein Versuch, die faktischen Verhältnisse durch ein positives – und das heißt im *zweiten Diskurs*: ungerechtes – Recht zu zementieren. Rousseau widerlegt die traditionelle, beispielsweise von Aristoteles vertretene Rechtfertigung der Sklaverei als Ausdruck einer natürlichen Ungleichheit. Auch lehnt er jegliche Rechtfertigung bestehender Ungleichheiten über religiöse Motive ab. Rechte wie das Eigentumsrecht sind menschengemacht, nicht göttlich, und sie können verändert werden.

Nun steht die Frage im Raum, wie nach dem unwiderruflichen Verlust des Naturzustandes die Verhältnisse der Menschen innerhalb der Gesellschaften gerecht geregelt werden können. Die Antwort wäre ein gerechter Vertrag, das heißt ein Vertrag, von dem die Parteien jederzeit zurücktreten können. Dieser gerechte Regierungsvertrag ist eine Vorwegnahme des späteren Gesellschaftsvertrages, wird aber im *zweiten Diskurs* noch nicht erörtert.

Stattdessen fährt Rousseau fort, die Vielfalt der existierenden Regierungsformen zu skizzieren. Sie ergäben sich aus der Vielfalt der Machtverhältnisse zur Zeit ihrer Entstehung. Ursprünglich sollten alle politischen Ämter zur Wahl gestellt gewesen sein. In bestimmten Machtkonstellationen wurden diese Ämter von einzelnen Personen oder Familien wie ganz normale Güter »angeeignet« und die übrigen Mitbürger zu Untertanen oder Sklaven degradiert.

Aus den politischen Unterschieden – zwischen Volk und Amtsinhabern, zwischen Regierten und Regierenden – ergeben sich gesellschaftliche Unterschiede. Der Begriff der Ungleichheit umfasst vier Aspekte: Ungleichheit im Prestige, im sozialen Rang, in der Verteilung des Reichtums und in der Verteilung der politischen Macht (D2 107).

Mit der Zeit führen die institutionalisierten Unterschiede zu immer mehr Ungleichheit, Despotismus (Despotismus als der ungerechtesten Verteilung der politischen Macht), Entfremdung und Korruption.

War der Naturzustand stabil, sind die Kulturrevolution des Menschen und die damit verbundenen politischen Transformationen eine Katastrophe, die sich immer mehr beschleunigt. Geschichte ist ein Verfallsprozess, in dem sich die Ungleichheit verstärkt. Ihr Ergebnis ist die Gewalt aller gegen alle, eine institutionalisierte Ungleichheit und die allgemeine Korruption. Zwar ähneln diese Gewalt und diese Ungleichheit in ihren Erscheinungsformen den Verhältnissen des Naturzustandes; in Wahrheit aber sind sie viel schlimmer: Das Recht des Stärkeren und die Ungleichheit stützen sich jetzt auf positive Gesetze. An dieser Stelle ist jedoch zu fragen, ob diese Unterscheidung wirklich relevant ist und ob Rousseau den Naturzustand nicht willkürlich verklärt.

Die Rezeption des *zweiten Diskurses* – mit dem Rousseau die Preisfrage der Akademie nicht gewann – war noch kritischer als die des ersten. Insbesondere wurde Rousseau vorgeworfen, dass seinem Naturmenschen jeglicher Soziabilitätsinstinkt fehle. Außerdem habe er die Verhältnisse des Naturzustandes gegenüber dem zivilen Zustand verherrlicht. Auch wurde der *zweite Diskurs* von manchen als eine Aufforderung, zur Natur zurückzukehren, verstanden.

Auf diese Kritiken antwortete Rousseau, er habe niemals dafür plädiert, dass die Menschheit zur Natur zurückkehre. Das Rad der Geschichte sei nicht zurückzudrehen. Die spekulative Rekonstruktion des Naturzustandes verteidigt er als ein argumentatives Mittel, um die realen Ungerechtigkeiten zu kritisieren. Diese Konstruktion soll vor allem verhindern, die bestehenden Verhältnisse als natürlich und daher als legitim zu betrachten. Dies ist das große Verdienst des *zweiten Diskurses*: Er entkräftet die politischen Theorien, die die Legitimität der Herrschaft aus ihrer tatsächlichen Existenz oder aus einem Transzendenzprinzip ableiten. Seine Haltung zur Frage der natürlichen Soziabilität oder deren Abwesenheit wird Rousseau in späteren Schriften nuancieren.[18]

Zunächst betrachtet er aber die Frage der Organisation gegenwärtiger Herrschaft genauer, und zwar in der *Abhandlung über die politische Ökonomie* (1755). Sie ergänzt den *zweiten Diskurs* durch eine Analyse der Prinzipien und Formen politischer Organisation.

»Ökonomie« bedeutet hier nicht »Wirtschaft«, sondern im allgemeinsten Sinne Organisation und Verwaltung der Gesellschaft. Rousseau unterscheidet zwischen der »domestischen« oder »partikularen« Ökonomie, das heißt der Verwaltung der Familie und Privatsphäre, und der »allgemeinen« oder »politischen« Ökonomie, die die Prinzipien, nach denen Gesellschaften verwaltet werden, erörtert.[19]

Für die Darlegung dieser Grundprinzipien führt Rousseau neue Begriffe ein, die später im *Gesellschaftsvertrag* systematisiert werden: die Unterscheidung zwischen Souverän und Regierung und den Begriff des Allgemeinwillens.

Er unterscheidet zwischen der Regierung – der Instanz, die die Macht tatsächlich ausübt – und der Instanz, aus der die Regierung ihre Legitimität bezieht. Letztere nennt er »Souverän«.

Der Unterschied zwischen Regierung und Souverän entspricht dem zwischen Exekutive und Legislative. Das Regierungsgeschäft unterscheidet sich prinzipiell von der Ausübung der Souveränität. Der Souverän verabschiedet die Gesetze, die Regierung gewährleistet ihre Umsetzung im Auftrag des Souveräns.

Um den Unterschied zwischen Regierung und Souverän zu

verdeutlichen, greift Rousseau auf einen Vergleich von Menenius Agrippa zurück: Wenn die Gemeinschaft der Bürger ein Körper wäre, wäre der Souverän der Kopf und die Regierung die Organe – der Handel wäre der Mund, das Herz die Regierung im engeren Sinne, die das Blut der öffentlichen Finanzen dem ganzen Körper zugutekommen lässt.

Der Begriff der Souveränität geht auf die politischen Theorien der Neuzeit, insbesondere auf Jean Bodin und Thomas Hobbes, zurück. Der Souverän ist die Gewalt, die in letzter Instanz entscheidet. Dabei ist er von niemandem abhängig und schuldet niemandem Rechenschaft außer sich selbst. Eine souveräne Macht ist für die Erhaltung von Ordnung und innerem Frieden notwendig. Sie soll die Gewalt aller gegen alle eindämmen. Ihre Legitimität bezieht sie daraus, dass sie im Sinne des Allgemeinwohls handelt. Die Souveränität ist bei Jean Bodin allerdings an die Person des Königs gebunden.[20] Ihm allein obliege die legitime Ausübung der Souveränität.

Die Souveränität kann von unterschiedlichen Personen oder Gruppen ausgeübt werden: dem König, den Adeligen, älteren Bürgern usw. Rousseau spricht von Volkssouveränität (*souveraineté populaire*), wenn der Souverän aus der Gesamtheit der Bürger besteht (die Rousseau auch *corps politique* nennt). Nur ein Souverän, der alle Bürger einschließt, ist legitim oder rechtmäßig.

Der Souverän verfügt über einen eigenen Willen. Besteht der Souverän aus der Gemeinschaft der Bürger, ist sein Wille ein Allgemeinwille. Als *corps politique* will der Souverän, was im allgemeinen Interesse ist. Er will das, was dem Volk – der Gemeinschaft der Bürger – als Ganzes zugutekommt. Daher kann er mit den Interessen von Einzelnen oder von kleineren Gemeinschaften, die die Menschen innerhalb der Gesellschaft freiwillig eingehen, in Konflikt geraten. Der allgemeine Wille ist aber dem partikularen Willen übergeordnet: »der allgemeinste Wille [ist] immer auch der gerechteste und […] die Stimme des Volkes [ist] in der Tat die Stimme Gottes«

(APÖ 341). Rousseau stellt klar, dass der Allgemeinwille nicht irren kann – oder er ist nicht mehr wirklich allgemein.
Es stellt sich dann die Frage – die in der *Politischen Ökonomie* zwar aufgeworfen, aber nicht gelöst wird –, wie man den allgemeinen Willen oder das allgemeine Interesse ermittelt. Denn oft versuchen partikulare Interessen sich als allgemeine auszugeben. Der allgemeine Wille deckt sich auf keinen Fall mit dem Willen der Mehrheit, die bekanntlich irren kann und außerdem nicht allgemein ist, insofern sie per definitionem eine Minderheit ausschließt. Eigentlich ist kein konkreter Wille, sei er auch kollektiv, wirklich allgemein. Der allgemeine Wille ist eine normative Spekulation.
Die Frage der Vermittlung zwischen dem allgemeinen und dem partikularen Willen ist ganz wesentlich. Sich dem allgemeinen Willen beugen zu müssen erscheint auf den ersten Blick als eine Einschränkung der natürlichen Freiheit des Einzelnen. Zum Gemeinwesen seinen Teil beitragen zu müssen erscheint als ein Angriff auf das Privateigentum: »Mit welchen Sophismen man dies alles auch beschönigen könnte, steht doch fest, daß ich nicht mehr frei bin, wenn man meinen Willen beugen kann, und daß ich nicht mehr Herr meines Besitzes bin, wenn irgend jemand daran Hand anlegen kann. Diese Schwierigkeit, die unüberwindbar erscheinen mußte, ist [...] durch die erhabenste aller menschlichen Einrichtungen [...] beseitigt worden« (APÖ 343). Diese Einrichtung, die die Vermittlung zwischen dem partikularen und dem allgemeinen Willen ermöglicht, ist das Gesetz: »Dem Gesetz allein verdanken die Menschen Gerechtigkeit und Freiheit. Dieses heilbringende Organ des Willens aller stellt die natürliche Gleichheit zwischen den Menschen rechtlich wieder her« (APÖ 343). Daraus leitet sich die erste Grundregel der politischen Ökonomie ab: Der Staat soll das Gesetz wahren.
Die zweite Grundregel besteht darin, dass der Staat die Identifikation mit dem Gemeinwesen fördern soll (APÖ 347 ff.). Diese Identifikation des partikularen mit dem allgemeinen

Willen nennt Rousseau »Tugend«, wobei dieser Begriff, wie bereits erwähnt, eine politische und nicht primär eine moralische Bedeutung hat. Zu diesem Zweck verfügt der Staat über zwei Mittel. Zum einen schuldet er jedem Einzelnen von Gesetz wegen Schutz: »Besteht nicht die Verpflichtung des gesamten Volkes tatsächlich darin, mit ebensolcher Fürsorge für die Erhaltung des letzten seiner Mitglieder zu sorgen wie für die aller anderen?« (APÖ 352) Die Autorität des Staates darf nicht auf Kosten der individuellen Freiheit und des Privateigentums ausgeübt werden, deren Schutz ihn erst legitimiert. Rechtsstaatlichkeit soll dem Individuum zugutekommen. Nur wenn er sich als Person geschützt und gleich behandelt fühlt, kann sich der Bürger mit dem Gemeinwesen identifizieren. Die Tugend des Einzelnen belohnt die Rechtmäßigkeit des Staates. So verbindet Rousseau die Identifikation mit Gemeinwesen und Staat mit dem Schutz und der Wertschätzung des Individuums.

Um die Identifikation mit dem Gemeinwesen zu fördern, soll der Staat auch die Erziehung der jungen Generationen übernehmen, sie als Bürger heranziehen und ihnen den dazu notwendigen Patriotismus nahebringen.[21] Daher die Notwendigkeit einer öffentlichen Erziehung, die vor der privaten, familiären Erziehung den Vorrang hat und zu den wichtigsten Aufgaben des Staates gehört.

Die dritte Aufgabe der öffentlichen Gewalt liegt darin, für den Lebensunterhalt der Bürger zu sorgen, das heißt, die Staatsfinanzen zu organisieren, wobei die altbekannte Schwierigkeit darin besteht, das richtige Maß zwischen dem Schutz des Privateigentums und der notwendigen Teilnahme aller an den öffentlichen Finanzen zu finden. Rousseau erwägt verschiedene Möglichkeiten: Die Bürger können sich mit Geld – also Steuern – an den Staatsfinanzen beteiligen; sie können sich aber auch in Naturalien beteiligen, indem sie Arbeit für die Gemeinschaft leisten. Rousseau bevorzugt die zweite Lösung, weil die Arbeit die Identifikation mit dem Gemeinwesen besser fördert.

Hier muss der Unterschied, aber auch die Komplementarität zwischen der *Abhandlung über den Ursprung und die Grundlagen der Ungleichheit unter den Menschen* und der *Abhandlung über die politische Ökonomie* verdeutlicht werden. Vom Standpunkt der Natur, den der *zweite Diskurs* spekulativ rekonstruiert, markiert das Aufkommen von Gesetzen und Eigentum den Austritt aus dem Naturzustand, was einer anthropologischen Katastrophe gleichkommt. Da die Menschheit aber nun schon im gesellschaftlichen Zustand lebt, sind unter diesen irreversiblen Bedingungen Eigentum, Gesetze und Staat ein minderes Übel. Sie können sogar einen ganz anderen, positiven Status erhalten und zu Mitteln einer gerechten politischen Organisation werden. Wie eine solche beschaffen sein könnte, zeigt der *Gesellschaftsvertrag*.

Das politische Modell: der *Gesellschaftsvertrag*

Die beiden *Diskurse* sind rein kritische Schriften. Rousseau hat sich nicht dazu geäußert, wie die von ihm beschriebenen Missstände zu beheben seien. So radikal er in seiner Kritik war, so pessimistisch war er, was tatsächliche Veränderungen betraf.

Vorstellungen darüber, wie eine gute Regierung beschaffen sein müsste, enthält jedoch schon die *Abhandlung über die politische Ökonomie*. Rousseau hat weitere Versuche unternommen, um zumindest spekulative Alternativen zu den herrschenden Verhältnissen zu entwickeln. Zu diesen Versuchen kann man den fiktionalen Entwurf einer idealen Privatgesellschaft in der *Neuen Héloïse* (1761), die Erarbeitung eines gerechten politischen Ordnungsmodells im *Gesellschaftsvertrag* (1762) und die Vorstellung einer Erziehung, die dem Kind seine natürliche Güte nicht raubt, im *Emile* (1762) zählen. Die Gemeinschaft, die am Ende der *Neuen Héloïse* entsteht, ist eine Fiktion. Auch der *Gesellschaftsvertrag* ist im erweiterten Sinne eine Fiktion; er ist keine Beschreibung einer historischen oder gar zukünftigen Gesellschaftsorganisation, sondern die spekulative Erarbeitung einer Norm der Rechtsstaatlichkeit. Und am Anfang des *Emile* mokiert sich Rousseau über die Leser, die das Buch als ein Erziehungsprogramm in der Praxis anwenden wollten. Doch in der Tat hat die Nachwelt in Rousseaus Werken zahlreiche Ansätze gefunden, die zur Änderung der bestehenden Verhältnisse beizutragen vermochten.

Der *zweite Diskurs* führte die Geburt der bürgerlichen – oder wie Rousseau sagt: »zivilen« – Gesellschaft auf einen schlechten Vertrag zurück. Dieser Assoziationspakt war zugunsten der Reichen und Mächtigen geschlossen worden. Er hatte als

Zweck die Eindämmung der Gewalt aller gegen alle und stellte somit das kleinere Übel dar. Er institutionalisierte aber auch die herrschenden Eigentums- und Machtverhältnisse, aus ihm ergab sich die Ungleichheit in der Verteilung von Reichtum und Macht.

Möglich ist es aber schon, einen fairen Vertrag wenigstens zu erdenken. Dies tut Rousseau im *Gesellschaftsvertrag*.[22] Mit ihm will er zeigen, unter welchen Bedingungen Machtausübung legitim und wie »eine rechtmäßige und sichere Regierungsweise« beschaffen sein könnte.

Auf den *zweiten Diskurs* und die *Abhandlung über die politische Ökonomie* aufbauend, betrachtet er die Gesellschaftsordnung nicht als eine naturgegebene, sondern menschengemachte. Zwar ist Unterdrückung allgegenwärtig, wie die berühmt gewordene Formel »Der Mensch ist frei geboren, und überall liegt er in Ketten« (GV, I, 1, 5) besagt.[23] Aus dem Faktum der Machtverhältnisse lässt sich ihre Rechtmäßigkeit freilich nicht deduzieren. Vermeintliche Rechte wie das Recht des Stärkeren, das Eroberungsrecht oder auch das Recht, andere zu versklaven, sind in sich widersprüchlich, da sie nur auf Gewalt basieren. Sie bestehen nur, solange sie per Gewalt durchgesetzt werden können (GV, I, 3 f., 9–15). Authentische Rechte hingegen werden aus innerer Überzeugung und dem daraus erwachsenden Pflichtbewusstsein respektiert, nicht nur unter Zwang eingehalten.

Um rechtmäßig zu sein, müssen zwischenmenschliche Verhältnisse auf eine ursprüngliche Übereinkunft zurückgehen. Allein diese Übereinkunft verschafft politischen Verhältnissen eine Legitimität.

Einen solchen Vertrag darf man sich, wie bereits ausgeführt, nicht als ein historisches Ereignis vorstellen. Seine ursprünglichen Klauseln sind »vielleicht niemals eindeutig formuliert« worden, so Rousseau. Der ursprüngliche Vertrag ist eine spekulative Fiktion, die die ideale Norm einer rechtmäßigen politischen Organisation setzt. Seine Klauseln sind »überall dieselben«, werden »überall […] stillschweigend angenommen und anerkannt«. Die ursprüngliche Übereinkunft ist das Grundeinverständnis, das allen Mitgliedern eines Volkes das Gefühl gibt, zusammenzugehören und die Autorität ihrer Herrscher als legitim anzuerkennen. Auch wenn sie nicht überall gleichermaßen erreicht wird, erlaubt es diese Norm, das Wesen des Grundkonsenses zu verstehen, aus dem ein Volk das Gefühl bezieht, ein Volk zu sein.

Diese stillschweigende Übereinkunft macht den Unterschied zwischen »der Unterwerfung einer Menge und dem Regieren einer Gesellschaft« aus, zwischen einem Verhältnis von »Herren und Sklaven« und einem Verhältnis von »Volk und Oberhaupt«, zwischen einer »Anhäufung« von Menschen und einer »Assoziation«. Erstere sind bloß auf Gewalt begründet, Letztere besitzen Legitimität. Die Betroffenen stimmen ihnen – wiewohl nur stillschweigend – zu.

Daher soll eine Assoziationsformel gefunden werden, »›die mit ihrer ganzen gemeinsamen Kraft die Person und das Vermögen jedes einzelnen Mitglieds verteidigt und schützt und durch die doch jeder, indem er sich mit allen vereinigt, nur sich selbst gehorcht und genauso frei bleibt wie zuvor.‹ Das ist das grundlegende Problem, dessen Lösung der Gesellschaftsvertrag darstellt« (GV, I, 6, 17). Rousseau möchte die Übereinkunft so gestalten, dass sie rechtmäßig ist. Wichtig bei diesen Formulierungen ist die Definition der Aufgaben des Vertrages: Er hat den Schutz der Person und deren Privatbesitz zum expliziten Ziel.

So werden die Klauseln des Vertrages in einer berühmten Formel festgehalten: »Wenn man also beim Gesellschaftsvertrag von allem absieht, was nicht zu seinem Wesen gehört, wird man finden, daß er sich auf folgendes beschränkt: *Gemeinsam stellen wir alle, jeder von uns seine Person und seine ganze Kraft unter die oberste Richtschnur des Gemeinwillens; und wir nehmen als Körper, jedes Glied als untrennbaren Teil des Ganzen auf*« (GV, I, 6, 18). Ferner läuft der Vertrag auf eine »völlige Übereignung[24] eines jeden Assoziierten mit allen seinen Rechten an die Gemeinschaft« zu. Da diese

Übereignung für alle gleich ist, schafft sie keine Ungleichheit und verhindert personengebundene Abhängigkeiten oder Machtverhältnisse. Vor allem bringt sie einen entscheidenden Vorteil mit sich: Man gewinnt »den Gegenwert für alles, was man aufgibt, und mehr Kraft, um zu bewahren, was man hat« (GV, I, 6, 18). Mit dem Gesellschaftsvertrag erwirbt der Einzelne einen Anspruch auf Schutz durch die Gemeinschaft. Er bekommt also mehr, als er im Naturzustand allein hatte: mehr Kraft, mehr Schutz, mehr Sicherheit.

Spätestens hier muss auf Unterschiede oder Verschiebungen zwischen dem *zweiten Diskurs* und dem *Gesellschaftsvertrag* hingewiesen werden, von denen sich einige schon in der *Abhandlung über die politische Ökonomie* abzeichneten. Wurde das Eigentum in den *Diskursen* noch als ein gesellschaftliches Problem geschmäht, ist sein Schutz nun eine der Hauptaufgaben der gerechten gesellschaftspolitischen Organisation. Auch der Gesellschaftszustand wird nun – im Rahmen des *Gesellschaftsvertrags* – nicht mehr als Verlust, sondern als Gewinn dargestellt: »Was der Mensch durch den Gesellschaftsvertrag verliert, ist seine natürliche Freiheit und ein unbegrenztes Recht auf alles, wonach ihn gelüstet und was er erreichen kann; was er erhält, ist die bürgerliche Freiheit und das Eigentum an allem, was er besitzt. [...] Man könnte [...] [zusätzlich zu der Moralität] noch die sittliche Freiheit hinzufügen, die allein den Menschen zum wirklichen Herrn seiner selbst macht; denn der Antrieb des reinen Begehrens ist Sklaverei, und der Gehorsam gegen das selbstgegebene Gesetz ist Freiheit« (GV, I, 8, 22 f.). Die Überlegenheit des Gesellschaftsvertrags gegenüber dem Naturzustand wird mehrfach betont: Der Grundvertrag setzt anstatt »die natürliche Gleichheit zu zerstören, im Gegenteil eine sittliche und rechtliche Gleichheit an die Stelle dessen [...], was die Natur an physischer Ungleichheit unter den Menschen hervorbringen kann«; dabei werden »die Menschen, die möglicherweise nach Stärke und Begabung ungleich sind, durch Vertrag und Recht alle gleich« (GV, I, 9, 26). Die natürliche Freiheit beruhte nur auf der Kraft des Einzelnen; der Naturmensch war der nackten Gewalt ausgeliefert, in der Natur herrschte das Recht des Stärkeren. Die bürgerliche Freiheit hingegen ist der natürlichen hier deutlich überlegen, denn sie wird vom Gesellschaftsvertrag, das heißt von allen anerkannt und geschützt. Somit setzt sie die natürliche Gewalt außer Kraft und ersetzt sie durch eine von der Gemeinschaft kontrollierte öffentliche Gewalt.[25]

Die bürgerliche Freiheit und Gleichheit sind der natürlichen Freiheit und Gleichheit übergeordnet und werden durch den Gesellschaftsvertrag abgesichert. Der Gesellschaftsvertrag ist für das Überleben der Menschheit vielleicht sogar notwendig. Aus dem ursprünglichen Gesellschaftsvertrag oder Assoziierungsakt ergibt sich ein kollektives Wesen, ein Volk, das über eine moralische Qualität und über einen eigenen Willen verfügt, den Rousseau den Allgemeinwillen nennt. Dieser Allgemeinwille richtet sich auf das allgemeine Wohl.

Das kollektive Wesen, das sich aus dem Assoziierungsakt ergibt, wird unterschiedlich tituliert, je nachdem, welche Aspekte seiner Existenz oder seines Tuns hervorgehoben werden. Als Ganzes bilden die Vertragspartner eine *Republik*[26] oder einen *politischen Körper*. Beide Termini werden synonym verwendet; sie entsprechen im modernen Gebrauch dem, was in der Antike ein Stadtstaat *(cité)* war. Die staatliche Körperschaft wird »von ihren Gliedern *Staat* genannt, wenn sie passiv, *Souverän*, wenn sie aktiv ist, und *Macht* im Vergleich mit ihresgleichen« (GV, I, 6, 19). Der *Staat* ist hier die Gesellschaft, die es politisch zu organisieren gilt. Der *Souverän* ist die Gemeinschaft der Bürger, insofern sie über das Schicksal ihrer Gemeinschaft selbst bestimmen. Eine *Macht* ist ein Staat in seiner Beziehung zu anderen Staaten. Der Staatsbürger ist Teil des Souveräns und soll dem Souverän gehorchen, er ist also Souverän und Untertan zugleich.

Wichtig an dem aus dem Gesellschaftsvertrag hervorgehenden kollektiven Wesen ist, dass es niemanden ausnehmen darf und die Verpflichtung zwischen dem Einzelnen und dem kollektiven Körper gegenseitig ist. Schließt der kollektive Körper einen Vertragspartner aus, ist der Vertrag verletzt und somit nichtig (GV, I, 7, 20f.).

Zwei Interpretationstraditionen konkurrieren bei der Auslegung des ursprünglichen Gesellschaftsvertrags. Die egalitaristische oder kollektivistische Interpretation hebt die Autorität des Kollektivs über den Einzelnen hervor, die liberale Tradition den Schutz des Individuums und des individuellen Besitzes. Der Text selbst legt keine solche Schwerpunktsetzung nahe. Die ideale Konfiguration des Vertrags vereint beide Ansprüche und zielt auf ein Gleichgewicht zwischen Bedürfnissen und Willen der Einzelnen und den Rechten des Kollektivs.

Die Souveränität des Volkes ist nichts anderes als die Umsetzung des Allgemeinwillens. Sie verwirklicht sich in der Verabschiedung von Gesetzen, ist also mit der Legislative gleichzusetzen. Gesetze tun den Allgemeinwillen kund.

Als Ausdruck der Souveränität hat der sich in Gesetzen niederschlagende Allgemeinwille drei Eigenschaften: Er ist unveräußerlich, unteilbar und unfehlbar. »Unveräußerlich« bedeutet, dass »der Souverän, der nichts anderes ist als ein Gesamtwesen, nur durch sich selbst vertreten werden kann« (GV, II, 1, 27). Der Souverän kann zwar seine Macht (das heißt die Exekutive) delegieren, nie aber seinen Willen, ohne »seine Eigenschaft als Volk« zu verlieren und sich als souveräner politischer Körper zu zerstören (GV, II, 1, 28). Die Ausübung der Macht ist nicht per se legitim. Nur der allgemeine Wille, in dessen Auftrag sie ausgeübt wird, vermag sie zu legitimieren. Dieser Punkt ist sehr wichtig: Zwar definieren sich auch Demokratien im modernen Sinne des Wortes über die Volkssouveränität. Damit ist aber etwas anders als bei Rousseau gemeint. Für Rousseau kann allein die exekutive Gewalt delegiert (»veräußert«) werden, die legislative aber auf keinen Fall. Die Bürger müssen sie persönlich ausüben und dürfen sie nicht an Volksvertreter oder Abgeordnete abgeben. Rousseau kann sich eine rechtmäßige politische Organisation nur als direkte Demokratie vorstellen, wohingegen die Bürger in modernen Demokratien ihren Anteil an der Souveränität an Volksvertreter in einem Parlament abgetreten haben.

Dass die Souveränität unteilbar ist, bedeutet, dass kein Bürger oder keine Gruppe von Bürgern vom politischen Körper ausgenommen werden darf, soll dieser souverän bleiben und seine Macht über alle legitim ausüben: Es darf im Staat keine partiellen Gesellschaften geben (GV, II, 3, 30). Die Teilhabe an der souveränen Macht liegt bei den Individuen, nicht bei Gruppen oder Verbünden wie etwa den Ständen oder Körperschaften im Ancien Régime. Staatsbürgerschaft, das heißt Teilnahme an der politischen Gemeinschaft, wird ausschließlich von Individuen ausgeübt, nicht von Gruppen oder Teilgemeinschaften.

Dass der Allgemeinwille, der sich in dem Erlassen von Gesetzen niederschlägt und das allgemeine Wohl zum Zweck hat, nicht irren kann, bedeutet, dass jeglicher kollektive Wille, der im Prozess seiner Erarbeitung nicht alle Bürger einschließt oder in seinen Absichten vom allgemeinen Wohl abweicht, nicht mehr allgemein genannt werden darf.

Diese beiden Eigenschaften der Souveränität, ihre Unteilbarkeit und ihre Unfehlbarkeit, bedeuten natürlich nicht, dass alle Bürger sich stets einig wären, und auch nicht, dass die konkreten Entscheidungen, die vom politischen Körper getroffen werden, notwendigerweise richtig sind. Das Prinzip der Souveränität unterscheidet sich von den einzelnen Ergebnissen ihrer tatsächlichen Ausübung. Der Allgemeinwille ist nicht mit dem Willen aller identisch, er ergibt sich nicht aus der Summe der Willen aller, schon gar nicht aus dem Willen der Mehrheit. Praktisch werden Entscheidungen durch Kompromisse zwischen unterschiedlichen partikularen Interessen, das heißt durch Mehrheitswahlen, gefunden. Der Allgemeinwille hingegen ist der Wille des politischen Körpers als Kollektiv, insofern alle Beteiligten sich mit dem Gemeinwesen identifizieren, was nicht ausschließt, dass die

Bürger in einzelnen Entscheidungen abweichender Meinung sein können. Der Allgemeinwille ist somit eine Fiktion, die eine ideale Norm setzt.
Schließlich haben Souverän (als Gemeinschaft der Bürger) und Bürger (als Individuen) reziproke Rechte und Pflichten. Diese reziproken Rechte und Pflichten setzen der souveränen Macht wie auch der individuellen Freiheit Grenzen. Souveränität ist weder uneingeschränkt noch willkürlich.
Der Gesellschaftsvertrag begründet eine politische Gesellschaft, die aber erst durch eine Gesetzgebung verwirklicht wird. Ein staatliches Gesetz unterscheidet sich prinzipiell vom Naturgesetz, denn es ist eine menschliche Institution. Es definiert sich über zwei Eigenschaften: Es ist ein »Akt des Gemeinwillens« und es betrifft eine allgemeine Frage: Das Gesetz vereint »die Gesamtheit des Willens mit der des Gegenstandes« (GV, II, 6, 41). Dass das Gesetz ein »Akt des Gemeinwillens« ist, bedeutet, dass die legislative Gewalt beim Souverän liegt. Dass das Gesetz nur allgemeine Fragen oder Probleme zum Gegenstand haben kann, weist auf den Unterschied zwischen den Handlungen des Souveräns und den Handlungen der ihm untergeordneten Regierung hin; die Akte des Souveräns sind Gesetze, alle anderen sind »Akte der Verwaltung«, zum Beispiel »Dekrete«, aber keine »Akte der Souveränität«. Die legislative Gewalt ist schlechthin das Ausdrucksmittel der Souveränität. Einen Staat, für den Rechtmäßigkeit kennzeichnend ist, in dem also das Volk die Souveränität ausübt, nennt Rousseau »Republik« (GV, II, 6, 41).[27]
Das Gesetz verbindet Gleichheit, da alle vor dem Gesetz gleich sind, und Freiheit. Wie schon in der *Abhandlung über die politische Ökonomie* erörtert, ist der Bürger frei, wenn er dem Gesetz gehorcht, das aus seinem eigenen Willen (als Mitglied des Souveräns) hervorgegangen ist. Das Paradoxon des Gesetzes liegt darin, dass der Bürger frei ist, indem er dem Gesetz gehorcht. Zwar beschränkt das Gesetz die individuelle natürliche Freiheit, aber die Bürger selbst haben es

als Mitglieder des Souveräns bestimmt, so dass sie nur sich selbst gehorchen, wenn sie dem Gesetz gehorchen. Außerdem bewahrt das Gesetz die Bürger vor persönlichen Abhängigkeiten, die für Rousseau das Wesen der Unterwerfung darstellen, indem es zwischen ihnen vermittelt.

Zusätzlich zur souveränen Bürgergemeinschaft bedarf es zum Zustandekommen einer Gesetzgebung jedoch einer weiteren Instanz, die die Aufgabe hat, den zukünftigen Gesetzen einen Rahmen, das heißt eine Verfassung, zu geben oder die Gesetzesentwürfe zu verfassen. Rousseau unterscheidet zwischen dem »nicht übertragbaren Recht«, Gesetze zu geben, und dem Verfassen der Gesetze selbst (GV, II, 7, 45). Das Amt des Gesetzgebers ist »weder Verwaltung noch Souveränität« (GV, II, 7, 44), also weder Exekutive noch Legislative. Das Amt des Gesetzgebers darf nicht mit der Souveränität verwechselt werden, sonst würden die Gesetze des Gesetzgebers »als Diener seiner Leidenschaften oft nur seine Ungerechtigkeiten verewigen, er könnte nie vermeiden, daß Sondergesichtspunkte die Heiligkeit seines Werkes entstellten« (GV, II, 7, 44). Grundsätzlich stellt die Aufgabe des Gesetzgebers höchste Ansprüche, was Rousseau mit der Formel zusammenfasst, es »bedürfte der Götter, um den Menschen Gesetze zu geben« (GV, II, 7, 43). Besonders schwierig ist die Aufgabe des Gesetzgebers auch deswegen, weil sie besondere Qualitäten bei den Menschen voraussetzt: Die Menschen müssten vor den Gesetzen das sein, »was sie durch sie werden sollen« (GV, II, 7, 46). Rousseau selbst betont dabei den aporetischen Charakter. Um funktionieren zu können, setzt eine Verfassung einen bestimmten gesellschaftlichen Geist voraus, der wiederum erst durch Verfassung und Gesetzgebung entsteht. Um sich politisch organisieren zu können, brauchen die Angehörigen eines Volkes ein Zugehörigkeitsgefühl, eine grundsätzliche Akzeptanz ihrer Einheit als Volk. Dieses Gefühl wiederum ist für Rousseau vor allem das Produkt der gemeinsamen Gesetzgebung, also ein politisches Konstrukt.

Nun sind die Völker nicht alle gleich, sondern unterscheiden sich durch ihre Sitten, ihre »Reife« (es gibt junge und alte Völker, reife und überreife Völker), durch die natürlichen Begebenheiten, in denen sie leben, durch die Größe der Bevölkerung. Spontan bevorzugt Rousseau zahlenmäßig »kleine Völker«, bei denen das Gesellschaftsband enger ist: »im allgemeinen ist ein kleiner Staat verhältnismäßig stärker als ein großer« (GV, II, 9, 50). Denn direkte Demokratie, wie sie Rousseau vorschwebt, ist nur in kleinen Staaten möglich, etwa in der Republik Genf oder den antiken Stadtstaaten. Hier können alle gleichermaßen Teil des Souveräns sein. »Woraus folgt, daß die Freiheit [die Möglichkeit, sich an der politischen Entscheidung zu beteiligen] in dem Maß abnimmt, wie der Staat sich vergrößert« (GV, III, 1, 64). Der Anteil des Einzelnen an der Souveränität sei umgekehrt proportional zur Zahl der Bürger. Ein solches Verhältnis müsse bei der Wahl der Regierungsform berücksichtigt werden. Auf jeden Fall müssen Grundgesetz und Gesetzgebung zu den jeweiligen Verhältnissen und Bedingungen passen.
Weder gedanklich noch praktisch darf die Regierung im engeren Sinne, das heißt die exekutive Gewalt (manchmal auch in Anlehnung an Machiavelli »Fürst« genannt), mit dem Souverän verwechselt werden. Dies ist vielleicht, neben der Volkssouveränität, die wichtigste Lehre des *Gesellschaftsvertrags*. Wer regiert, von den Bürgern Gehorsam verlangt und Gewalt ausübt, darf nicht gleichzeitig Gesetze erlassen. Wenn der Souverän der »Wille« des Volkes (die legislative Gewalt) ist, ist die Regierung ihre »Kraft« (die exekutive Gewalt) (GV, III, 1, 61). Die Akte des Souveräns sind Gesetze, die der Regierung sind Handlungen, welche die Umsetzung und Einhaltung der Gesetze zum Zweck haben. Die Regierung handelt nur im Auftrag des Souveräns und ist mit »der Durchführung der Gesetze und der Erhaltung der bürgerlichen wie der politischen Freiheiten« betraut (GV, III, 1, 62). Sie ist dem Souverän unterworfen, der sie bestellt und jederzeit widerrufen kann. Sie übt eine Vermittlungsfunktion

zwischen dem Volk und dem Souverän aus. Als politische Subjekte haben die Bürger an der Souveränität teil und bestimmen über die Regierung. Sie sind allerdings zugleich Untertanen der Regierung und schulden ihr Gehorsam. Daher muss eine Regierung mächtig sein und über die Mittel verfügen, die Bürger zum Gehorsam zu verpflichten. Mit der Macht der Regierung wächst aber auch die Möglichkeit ihres Missbrauchs.

Rousseau unterscheidet zwischen verschiedenen Regierungsformen. »Demokratie« nennt er eine Regierung, die vom Souverän »dem ganzen Volk oder dem größten Teil des Volkes« übertragen (GV, III, 3, 70) worden ist. Seine Definition von Demokratie ist dabei anspruchsvoller als die heute gebräuchliche. Für uns definiert sich Demokratie zwar über die Volkssouveränität, sie duldet aber die »Veräußerung« der Souveränität an Volksvertreter. Bei Rousseau ist Demokratie synonym mit der Teilnahme aller an der Regierung; die direkte Beteiligung aller an der Souveränität ist sowieso selbstverständlich.

In diesem strengen Sinne hat Demokratie etwas Utopisches. Dessen ist sich Rousseau bewusst: »[...] ein Volk, das stets gut regierte, brauchte gar nicht regiert zu werden. Nimmt man den Begriff in der ganzen Schärfe seiner Bedeutung, dann hat es niemals eine echte Demokratie gegeben, und es wird sie niemals geben« (GV, III, 4, 72). Sie setzt schwer zu erfüllende Bedingungen: die Möglichkeit für jeden Bürger, jeden zu kennen und ansprechen zu können, »eine große Einfachheit in den Sitten«, eine »weitgehende Gleichheit der gesellschaftlichen Stellung und der Vermögen« und schließlich »wenig oder gar keinen Luxus« (GV, III, 4, 73). Moderne Staaten sind einfach zu groß, und große Staaten brauchen eine mächtige Regierung. Deren Gewalt muss der Größe des Volks entsprechen, so dass die Macht der Regierung umso größer sein müsste, je größer das Volk ist. Damit wächst freilich auch die Gefahr, dass diese Regierung ihre Macht missbraucht.

In einer Aristokratie ist die Regierung in den Händen einer Gruppe. Die Regierungsmitglieder werden je nach Aristokratietypus unterschiedlich genannt: Priester, Ältester, Senat, Geronten (GV, III, 4, 5). Die Aristokratie ist die Regierungsform der historisch ersten Gesellschaften.

»Monarchie« nennt Rousseau eine Regierung, in der die Exekutive in den Händen einer natürlichen Person konzentriert ist. Der Vorteil dieser Regierung besteht darin, dass sie sehr mächtig ist, weil sie sich nicht auf mehrere Personen verteilt. Sie passt zu größeren Ländern. Einer ihrer Nachteile ist aber, dass die Exekutive nicht immer von den Fähigeren oder Verdienstvolleren ausgeübt wird. Alles hängt von der Persönlichkeit des Monarchen oder Fürsten ab. In der Monarchie ist das Risiko am größten, dass die Handlungen der Exekutive vom Gemeinwillen abweichen und nicht das Gemeinwohl verfolgen. In ihr ist der Machtmissbrauch am wahrscheinlichsten. Auch ist sie wegen der Thronfolgerkrisen zyklisch instabil.

De facto gibt es keine reine Regierungsform. Alle real existierenden Regierungen sind eine Mischung aus den drei genannten Typen (GV, III, 7, 83 f.). Welche Regierungsform für welches Land oder Volk am besten passt, hängt vom Klima, von der Bevölkerung und ihrer Ausdehnung, von den natürlichen Reichtümern usw. ab (GV, III, 8, 85–90). Als sichtbare Zeichen einer guten Regierung nennt Rousseau unter anderem die öffentliche Ruhe, die persönliche Freiheit, die Sicherheit des Eigentums, die Sicherheit der Person. Als allgemeingültiges Kennzeichen einer guten Regierung nennt er aber den natürlichen Zuwachs der Bevölkerung (GV, III, 9, 91 f.).

In allen Regierungsformen besteht die Möglichkeit des Machtmissbrauchs und des Kampfes gegen den Souverän. In dem Fall ist »der Gesellschaftsvertrag gebrochen«; alle einfachen Bürger treten »rechtmäßig in ihre natürliche Freiheit zurück« und gehorchen nur noch aus Zwang, nicht aus Pflicht (GV, III, 10, 95).

Rousseau beschreibt unterschiedliche Formen der Degenerierung von Regierungen. Zum einen kann die Regierung »schrumpfen«, das heißt, eine Demokratie wird zur Aristokratie, eine Aristokratie zur Monarchie. Die Macht - die Exekutive - konzentriert sich in wenigen Händen. Diese Entwicklung ist für Rousseau natürlich und unvermeidlich. Die schlimmere Form der Degenerierung als die der Regierung, die bloß im Auftrag des Souveräns handelt oder zumindest handeln müsste und die unter rechtmäßigen Bedingungen abgesetzt werden könnte, ist die des Souveräns, wenn zum Beispiel ein Staatskörper im Staatskörper entsteht, wenn nicht jeder Bürger direkt an der politischen Entscheidung beteiligt ist, wenn sich Zusammengehörigkeitsgefühl und Identifikation mit dem Allgemeinwohl auflösen. Die Entscheidungen eines Souveräns, der keiner mehr ist, können nicht mehr als der Ausdruck des Allgemeinwillens betrachtet werden. Der Staat löst sich auf. Diese politische Katastrophe, das Abtreten der Souveränität an Repräsentanten, trat in Europa mit dem Feudalismus ein. Rousseau betrachtet die Idee der Repräsentanten als eine moderne, das heißt als eine feudalistische. Anders als bei den antiken Staaten (Rousseau denkt dabei an die griechischen Demokratien und an die römische Republik), in denen das Volk nie Vertreter hatte (GV, III, 15, 102), läuft Rousseau zufolge der Feudalismus auf eine generelle Delegierung der Souveränität an den Lehnherrn auf allen Stufen der feudalen sozialpolitischen Organisation hinaus. Durch den Verzicht auf die persönliche und zugleich kollektive Ausübung der Souveränität unterscheiden sich alle Regime seit dem Aufkommen des Feudalismus von den antiken Staaten. Das Übel der großen, modernen Monarchien, wie sie sich zur Zeit Rousseaus in Europa ausgebildet haben, liegt weniger darin, dass es sich um Monarchien handelt - das betrifft nur die Form der Regierung -, als vielmehr darin, dass die politische Organisation dieser Staaten sich nicht an Volkssouveränität und Allgemeinwohl orientiert und somit ihre Legitimität verliert.

Um eine solche Degenerierung zu verhindern, empfiehlt Rousseau die regelmäßige Versammlung des Volks, das sich durch die bewusste Wahrnehmung seiner Souveränität wach hält.
In einer gemäß dem Gesellschaftsvertrag politisch organisierten Gesellschaft darf die Souveränität nicht delegiert werden; andernfalls stimmen die Bürger lediglich entweder über Gesetze ab oder wählen ihre Vertreter für die Exekutive.
Praktisch wird der Allgemeinwille durch Mehrheitsentscheid ermittelt. Das Ergebnis der Wahlen bindet auch die, die sich in ihren Ergebnissen nicht vertreten fühlen. Was die Wahlen der Regierungsamtsinhaber betrifft, erwägt Rousseau zwei Verfahren: die Wahl per Losverfahren oder die Wahl im eigentlichen Sinne. Das Losverfahren passt zu einer Demokratie, in der alle gleichermaßen bereit und fähig sind, Regierungsämter zu übernehmen.
Schließlich sollten alle Bürger eines Staates durch eine Staatsreligion miteinander verbunden sein. Rousseau lobt die antiken Religionen, insbesondere die römische, und kritisiert die durch das Christentum entstandene Situation: Wenn die Religion eine wichtige politische Rolle zu spielen hat, stellt eine Religion wie das Christentum, deren Ansprüche einerseits universal sind und die andererseits die Pflege der Innerlichkeit fördert, ein Hindernis in der Identifikation des Bürgers mit dem Gemeinwesen dar. Jedoch ist die Situation des christlichen Europas, in der es keine »ausschließliche Staatsreligion« mehr gibt (GV, IV, 8, 152), nicht rückgängig zu machen. Freilich lässt das sich aus dem Gesellschaftsvertrag ergebene Recht solche Entwicklungen zu, denn das »Recht, das der Gesellschaftsvertrag dem Souverän über die Untertanen gibt, geht, wie ich ausgeführt habe, nicht über die Grenzen des öffentlichen Nutzens hinaus. Die Untertanen sind dem Souverän über ihre Ansichten nur insoweit Rechenschaft schuldig, als diese für das Gemeinwesen erheblich sind« (GV, IV, 8, 150). Insofern lässt der Gesellschaftsvertrag Raum für persönliche Glaubensausrichtun-

gen jenseits der obligatorischen Identifikation mit dem Gemeinwesen. Allerdings verlangt Rousseau »ein rein bürgerliches Glaubensbekenntnis«. Die Artikel dieses Bekenntnisses legt der Souverän fest, »nicht regelrecht als Dogmen einer Religion, sondern als Gesinnung des Miteinander, ohne die es unmöglich ist, ein guter Bürger und ein treuer Untertan zu sein« (GV, IV, 8, 151). Der sozialpolitische Zusammenhang verlangt nach Ritualen und Identifikationsgefühlen - die durchaus ähnlicher Natur sind wie religiöse Rituale und Gefühle.

Versucht man den Einfluss der politischen Überlegungen Rousseaus auf die Moderne zu bilanzieren, kann man ihn vielleicht auf drei Grundsätze zurückführen. Zum einen ist Rousseau der Erste, der die Frage der guten Regierung als eine Frage nach der Rechtmäßigkeit stellt. Gut ist die Regierung, die rechtmäßig ist.

Was uns Rousseau außerdem vermacht hat, ist die Definition dieser Rechtmäßigkeit über die Volkssouveränität - auch wenn wir die Ausübung der Volkssouveränität heute anders konzipieren als er. Allein solche politischen Organisationsformen sind rechtmäßig, in denen das Volk souverän ist.

Auch bedeutet die klare Unterscheidung zwischen Regierung und Souverän einen wichtigen Fortschritt in der politischen Theorie. Die Quelle der politischen Legitimität liegt beim souveränen Volk. Die Regierung per se ist vielleicht mächtig, nicht aber legitim, wenn sie sich nicht dem Souverän unterordnet und ihm nicht Rechenschaft ablegt. Sie ist zudem an Gesetze gebunden, die Ausdruck der Volkssouveränität sind. Im *Gesellschaftsvertrag* haben Prinzipien moderner Politik wie die Gesetzmäßigkeit der Regierung und ihre Verantwortung vor der Legislative ihre Wurzeln.

Schließlich liefert der *Gesellschaftsvertrag* zahlreiche Begriffe, um illegitime Herrschaftsformen zu analysieren und zu kritisieren. Regelmäßig erinnert Rousseau daran, dass der Gesellschaftsvertrag »gebrochen« werden kann, wenn seine

Grundprinzipien verletzt werden, was als Effekt hat, dass die Bürger keine mehr sind und »rechtmäßig in ihre natürliche Freiheit« (GV, III, 10, 95) zurücktreten.

Rousseaus Theorie der gerechten politischen Organisation ist jedoch nicht frei von Aporien. Selbst wenn man ihren spekulativen Charakter im Auge behält, stellen sich Fragen.

Erwähnt wurde schon, dass der Gesellschaftsvertrag die Vergesellschaftung voraussetzt, die er zugleich erzeugen soll. Erst der Gesellschaftsvertrag macht das Volk zum Volk, während dieses Volk als Volk schon bestehen muss, um sich politisch organisieren zu wollen. Volkszugehörigkeit und Staatsbürgerschaft sind unter den Bedingungen des Gesellschaftsvertrags ein und dasselbe, sie beruhen auf dem Willen der Bürger, sich zum (politischen) Volk zu bekennen und zugehörig zu fühlen. Sie setzen aber ein dem Willen vorausgehendes Zusammengehörigkeitsgefühl voraus.

Schwierig ist auch die Ermittlung des Allgemeinwillens. Rousseau unterscheidet sehr klar zwischen dem Allgemeinwillen, der »nicht irren kann« und »unteilbar« ist, und dem Willen aller. Der Allgemeinwille ist allenfalls annäherungsweise realisierbar. Er ist prinzipiell von der Summe der partikularen Willen und von dem Mehrheitswillen zu unterscheiden. Spekulativ lässt sich diese Unterscheidung nachvollziehen. Freilich bleibt die Frage, wie diese Annäherung möglich ist, wenn nicht über die Mehrheit – die selbstverständlich nicht die Allgemeinheit darstellt. Mit einem Kniff rettet sich Rousseau aus dieser Schwierigkeit. Eine schlechte, über Mehrheitsbeschluss ermittelte Entscheidung wird als dem Allgemeinwillen nicht mehr konform erklärt.

Wie aber kann der Souverän gute Entscheidungen treffen? An dem Punkt bleibt Rousseau vage – die Bürger müssen halt tugendhaft (im politischen, antiken Sinne des Wortes) sein. Sie müssen sich mit dem Allgemeinwohl identifizieren und es ihren partikularen Interessen überordnen.

Liberale Interpretationen wie die von Robert Derathé[28] setzen optimistisch auf das Gleichgewicht, das sich aus dem Zusammenspiel der Pflichten und Rechte ergibt. Zwar hat der Einzelne etwas zu verlieren, wenn er in geregelten politischen Verhältnissen lebt, aber er gewinnt mehr, als er verliert. Rousseau weist mehrmals auf die strukturellen Einschränkungen der Macht des kollektiven Souveräns hin: Die Ansprüche des Gemeinwesens beschränken sich auf das, was für das Allgemeinwohl relevant ist. Für alles Übrige sind die Bürger frei.

Interpreten hingegen, die auf die mögliche »totalitäre Ausuferung«[29] der politischen Philosophie Rousseaus hinweisen, wähnen im idealen Staat des *Gesellschaftsvertrages* eine Unterwerfung des Individuums unter den allgemeinen Willen. Schockierend für uns ist in der Tat der aggressive Patriotismus, das Lob der Aufopferung für die Gemeinschaft, das Ideal der Einmütigkeit, das Konflikte nur als politische Schwäche deutet. Die politische Theorie Rousseaus ist nicht wirklich dafür gewappnet, Konflikte zu bewältigen und zu lösen. Rousseau erhebt die Frage der Konfliktlösung nicht zum theoretischen Problem und deutet sogar Konflikte negativ, als ein Zeichen dafür, dass der Allgemeinwille im Prozess seiner Auflösung begriffen ist: Lange Debatten sind kein gutes Symptom und zeugen vom »Emporkommen der Sonderinteressen« und vom »Niedergang des Staates« (GV, IV, 2, 114 f.).

Die ständige Betonung des der Regierung geschuldeten Gehorsams weckt heute schlechte Erinnerungen. Vor allem kann die moderne politische Theorie der Frage nach dem »Massenirrtum«, nach der Fehlbarkeit kollektiv, durch Wahlen getroffener Entscheidungen nicht mehr ausweichen.

Streng genommen bietet der Text des *Gesellschaftsvertrages* jedoch ein ideales Gleichgewicht zwischen individueller Freiheit und ihrer Einschränkung durch die Anforderungen des gemeinschaftlichen Lebens. Rousseau erinnert ständig daran, dass das Individuum seiner Pflichten gegenüber dem Gemeinwesen enthoben wird, sobald dieses illegitime, das heißt tyrannische Ansprüche erhebt. Und Freiheit, gerade die bürgerliche, politische Freiheit, ist immer eine individuelle Freiheit. Wahr ist aber auch, dass Rousseaus politische Konstruktion, so wesentliche Grundsteine moderner politischer Theorie sie auch geliefert haben mag, in Bezug auf unsere historisch-politischen Erfahrungen Lücken aufweist. Lücken, in die wir diese Erfahrungen mit all unseren dazugehörigen Fragen projizieren.

Das erzieherische Modell: *Emile oder Über die Erziehung*

Die *Abhandlung über die politische Ökonomie* (1755) sah die Erziehung der Kinder zu verantwortungsbewussten Bürgern als eine der höchsten Aufgaben des Staates an, erklärte die Realisierung dieser Aufgabe unter den herrschenden Bedingungen hingegen für ein unmögliches Unterfangen. In der zeitgenössischen Gesellschaft wird aus der Erziehung eine bloße Dressur, die die natürlichen Gaben und Fähigkeiten des Individuums zerstört und es an die herrschende Korruption anpasst. Eine solche Erziehung zementiert und reproduziert den in den beiden *Diskursen* diagnostizierten gesellschaftlichen Verfall.

Der Staat des *Gesellschaftsvertrags* könnte einen Rahmen bieten, in dem die Erziehung der Kinder zu Mitgliedern der politischen Gesellschaft Sinn macht. Doch der *Gesellschaftsvertrag* entwirft kein konkretes Regierungsprogramm, sondern eine abstrakte Norm der gerechten politischen Ordnung – dies wird spätestens klar, wenn Rousseau zu Beginn seines Erziehungstraktats *Emile oder Über die Erziehung* (1762, im selben Jahr wie der *Gesellschaftsvertrag* veröffentlicht)[30] explizit darauf verzichtet, das Kind zum Bürger zu erziehen, und sich darauf beschränkt, es »zum Menschen« zu erziehen.

Auch wenn die Gesellschaft nicht mehr zu retten ist (wie bereits erwähnt, war Rousseau fest davon überzeugt war, dass sich das Rad der Geschichte nicht mehr zurückdrehen lasse und dass die ursprüngliche Unschuld und Gleichheit kollektiv unwiderruflich verloren sei), ist es vielleicht möglich, das Individuum zu retten, indem man dem Kind eine Privaterziehung angedeihen lässt, die es vor den schlechten Einflüssen der Gesellschaft abschirmt und es ihm so erlaubt, sich seiner Natur gemäß zu entwickeln und trotz der korrupten Umgebung glücklich zu werden. Die primäre Aufgabe der Erziehung besteht darin, den Menschen vor der Denaturierung in der Gesellschaft zu bewahren. Das von Rousseau konzipierte Erziehungsmodell läuft darauf hinaus, das Kind ganz klar gegen die Gesellschaft zu erziehen.[31]

Rousseaus Gegner haben ihm zum Vorwurf gemacht, er selbst habe keine ordentliche Erziehung genossen, als Lehrer wenig pädagogisches Talent bewiesen[32], sich noch dazu geweigert, seine eigenen Kinder zu erziehen - und sei daher wenig glaubwürdig, um sich zu diesem Thema zu äußern. Trotz alledem ist *Emile* eines seiner wichtigsten Werke; es ist sowohl ein Meilenstein in der Geschichte der Pädagogik[33] als auch ein philosophisches Buch, das alle wichtigen rousseauschen Themen aufs Neue verknüpft.

Rousseau zufolge ist *Emile* letztlich nicht so sehr ein pädagogisches Traktat als vielmehr eine Meditation über die natürliche Güte des Menschen, die bereits ein zentrales Thema der beiden *Diskurse* war. Diese Güte sei im Kind noch nicht zerstört und müsse folglich geschützt und gefördert werden. Auch im *Emile* wird die Frage nach dem Glück des Menschen gestellt, nach seinen Bedingungen und seiner Authentizität und nach der Wahrscheinlichkeit, mit der man es verfehlt.

Rousseau betont immer wieder, dass *Emile* kein pädagogischer Ratgeber sei und dass es sogar ausgesprochen dumm wäre, die Ideen des Buches direkt anwenden zu wollen - da der tatsächliche gesellschaftliche Kontext die Verwirklichung dieser Ideen unmöglich mache. Genauso wenig wie der *Gesellschaftsvertrag* ist *Emile* ein Manifest zur Veränderung der Verhältnisse; Rousseau beteiligt sich nicht an Reformdebatten, er exploriert stattdessen Möglichkeiten jenseits der gesellschaftlichen Bedingungen: Wie könnte eine Erziehung aussehen, die die natürliche Güte des Menschen nicht zerstört?

Deshalb hat Rousseau eine hybride Form zwischen Traktat und Roman gewählt, die *Emile* von der umfangreichen pädagogischen Literatur der Zeit radikal unterscheidet.[34] Theoretische Ausführungen wechseln sich mit der Entwicklung einer fiktionalen Beziehung zwischen Emile und seinem Lehrer Jean-Jacques ab. Auch greift Rousseau auf seine eigenen Erfahrungen als Hauslehrer zurück und führt Beispiele anderer Kinder an. Um seine erzieherischen Ideen zu illustrieren und zu erproben, entwirft er ein imaginäres Kind und projiziert sich selbst in die Rolle des Erziehers. Rousseau rechtfertigt den Einsatz fiktionaler Charaktere folgendermaßen: Die fiktionale Beziehung zwischen Emile und Jean-Jacques gibt ihrem Verfasser spekulative Freiheit; sie erlaubt es ihm, etwas anderes zu erdenken als das, was gewöhnlich gemacht wird, sich vom Druck der Realität zu befreien, um etwas radikal anderes zu entwickeln. Die fiktionalen Episoden erlauben es auch, Probleme bis ins konkrete Detail durchzuspielen, wozu bloße Theorie nicht zwingen würde. Insofern erlaubt die Fiktion sowohl spekulative Freiheit wie auch die Möglichkeit einer Art Erprobung der Ideen.

Der Roman-Traktat-Zwitter folgt der Entwicklung Emiles von der Geburt bis zum Mannesalter, bis zur Zeit, in der der selbstständig Gewordene der Präsenz seines Lehrers nicht mehr bedarf. Buch I ist dem Kleinkindalter gewidmet, Buch II und III der Kindheit vom Sprechalter bis zum Ausbruch der Pubertät, die in Buch IV behandelt wird. Buch V erzählt die Erziehung und Entwicklung von Emiles zukünftiger Frau, Sophie, die »der Natur gemäß« zur Frau wie Emil »der Natur gemäß« zum Mann erzogen wird.

Autonomie – in Rousseaus Anthropologie eine Eigenschaft des Naturzustandes wie auch eine der Bedingungen von Glück – ist das Ziel dieser Erziehung.

Nicht einfach ist die Suche nach einem guten Erzieher. Rousseau weist auf die aporetische Natur des Problems hin: Wer erzieht den Erzieher? Gibt es Menschen, die so gut erzogen worden sind, dass man ihnen die Verantwortung für die Erziehung eines Kindes anvertrauen kann? Genauso wie die Aufgabe des Gesetzgebers im *Gesellschaftsvertrag* übermenschliche Kräfte erfordert, ist der gute Lehrer nicht unter den Menschen zu finden. Hypothetisch schreibt sich Rousseau/Jean-Jacques alle notwendigen Qualitäten zu, um Emile zu erziehen.

Von Emile weiß man zu Beginn nicht viel; eigentlich nur, dass er aus gutem Hause kommt und gesund ist. Die Eltern haben die volle Verantwortung an Jean-Jacques abgetreten. Zunächst spielt Emile eine untergeordnete Rolle, da der Text erst einmal den Eltern Ratschläge erteilt. Er belehrt sie darüber, dass – entgegen den psycho-kognitiven Vorstellungen der Zeit – der Lernprozess des Kindes mit der Geburt anfange. Daher kann das Kleinkindalter gar nicht ernst genug genommen werden. Rousseau empfiehlt der Mutter, ihr Kind selbst zu stillen, dem Vater, es selbst zu erziehen. Die erzieherische Rolle der Eltern sei nicht delegierbar. Dies stellt eine Fundamentalkritik an aristokratischen Erziehungspraktiken dar, die die Pflege der Kleinkinder Dienstpersonen überließen, bis die Kinder gesellschaftsfähig geworden waren.

Der Text empfiehlt Landleben, einfaches und gesundes Essen sowie kalte Bäder zur Abhärtung. In diesem Alter soll das Kind mit möglichst wenig Aufsicht im Freien spielen. Es darf nicht überbehütet und verzärtelt werden – wenn es hinfällt, soll es zum Beispiel allein wieder aufstehen. Realen Bedürfnissen des Kindes soll entgegengekommen werden, aber es darf nicht zum Tyrannen werden, weswegen der Verfasser insbesondere rät, auf die Schreie des Kindes nicht grundsätzlich einzugehen.

Wichtig in diesem Lebensabschnitt ist die Erziehung der Sinne. Schon in Buch I wird auf deren Bedeutung für die spätere Entwicklung der intellektuellen Fähigkeiten hingewiesen. Dabei soll man die natürliche Entwicklung nicht vorwegnehmen, dem Kind beispielsweise nicht vorzeitig das Sprechen beibringen. Das Sprechen sei eine Fähigkeit, die sich im Menschen natürlich entwickle und der nicht nachgeholfen werden müsse.

Im zweiten Buch – das Kind spricht nun und lebt allein mit

seinem Lehrer – rückt Emile in den Mittelpunkt der Erzählungen und Erörterungen. Oft wird er in einem etwas aggressiven Ton den »normal« erzogenen Kindern gegenübergestellt: Emil ist ausgeglichen, genügsam, autonom, hart im Nehmen und glücklicher als andere Kinder. Zwar holt er sich im Endeffekt mehr Beulen als andere Kinder, aber er ist fröhlicher – so will es zumindest die rousseausche Fiktion.

Die Triebfeder des Entwicklungsprozesses dekomponiert Rousseau in drei Instanzen. Jeder von uns wird von drei Lehrern erzogen: von der Natur, von den Dingen und von den Menschen. Die »Erziehung der Natur« meint die natürliche Entwicklung der Organe und Kompetenzen wie Laufen oder Sprechen. Auf ihren Rhythmus haben die Menschen keinen Einfluss. Die »Erziehung der Dinge« ist die Summe der vom Kind gesammelten Erfahrungen in der Welt. Das Kind wird mit den Folgen seiner Taten konfrontiert und lernt daraus, welche Grenzen die Welt seinem Tun und seinen Wünschen setzt. Die »Erziehung der Menschen« ist die der Eltern oder der anderer erziehender Personen und darüber hinaus der Gesamteinfluss der Gesellschaft. Für das Gelingen der Erziehung müssen diese drei »Lehrmeister« auf dasselbe Ziel hinarbeiten (E 109).

Man ahnt schon, dass dies in der Gesellschaft, wie sie nun einmal ist (korrupt, heuchlerisch usw.), nicht der Fall ist. Außerdem ist die Autorität der Menschen potenziell willkürlich, sie birgt ungesunde Machtverhältnisse und gibt dem Kind oft ein schlechtes Beispiel. Das Kind könnte die Erwachsenen so tyrannisieren wollen, wie es sich von ihnen tyrannisiert fühlt, wenn sie ihm Gehorsam abverlangen. Die Natur oder die Dinge hingegen sind moralisch neutral; sie sind weder gut noch schlecht, sie sind bloße Notwendigkeiten.

Daher erscheint es vorteilhaft, das Wirken der Menschen im Erziehungsprozess – sowohl das Wirken der unmittelbaren Bezugspersonen wie auch das der Gesamtgesellschaft – zu mindern, wenn nicht gar ganz auszuschalten. Hier zeigt sich, was mit »negativer Erziehung« gemeint ist: Der von Rousseau geprägte Begriff der negativen Erziehung bedeutet das Unterlassen jeglicher Intervention seitens der erziehenden Personen. In den ersten Jahren, bis zur Beginn der Pubertät ist die negative Erziehung das einzige Angebrachte, da das Kind in diesem Alter die Logik und die Triebfeder menschlicher Beziehungen nicht zu verstehen vermag.

Demzufolge darf die erziehende Person vom Kind keinen Gehorsam verlangen, denn er kann nur gegenseitige Tyrannei bewirken. Sie soll sich zurückhalten, damit das Kind die Möglichkeit hat, eigene Erfahrungen zu machen. Die gute Erziehung konfrontiert es bloß mit physischen, moralisch nicht besetzten Notwendigkeiten. Hier liegt der Unterschied zwischen Gehorsam und Notwendigkeit. Das Wort »gehorchen« kommt in Emiles Wortschatz nicht vor.

Auch soll das Kind in diesem Alter nichts durch Unterricht oder Anweisung lernen, sondern nur durch eigene Erfahrung, durch Spiel und Beobachtung seiner Umwelt. Je weniger »menschliche« Vermittlung, je mehr selbstständige Erfahrung, desto besser. Emiles Erziehung folgt keinem vorgegebenen Plan. Das Alltagsleben mit seinen Spielen und Begebenheiten liefert genug Lernstoff. Berühmt sind in Buch II und III drei Episoden, die dieses Lernen aus der Erfahrung exemplifizieren: die Gartenarbeit, bei der Emile versteht, was Eigentum ist; ein Ausflug auf den Jahrmarkt, bei dem Emile die Eigenschaften von Magneten kennenlernt, indem er einen Zauberer beobachtet, der Holzenten auf einer Wasserschale bewegt, ohne sie zu berühren; und der Spaziergang im Wald von Montmorency, bei dem sich Emile und Jean-Jacques verlaufen und Emile den Weg wiederfindet, indem er aus früheren Beobachtungen über den Lauf der Sonne den Standpunkt des Hauses ableitet.

Jean-Jacques hat es nicht eilig, seinem Zögling das beizubringen, was man Kindern üblicherweise beibringt. Die »nützlichste« Regel seiner Methode lautet: »nicht Zeit gewinnen wollen, sondern verlieren«. Der Zeit Zeit geben. Rousseau verspätet provokativ bestimmte Lernprozesse. So lernt Emile erst spät (das genaue Alter wird nicht präzisiert) und fast zufällig lesen, nur weil er plötzlich die Nützlichkeit des Lesens entdeckt hat und den inneren Wunsch verspürt, lesen zu können. Überhaupt ist für Emile das Kriterium der Nützlichkeit, der Anwendbarkeit des Erlernten der entscheidende Anreiz, etwas zu lernen.

Wichtig ist zunächst, wie bereits erwähnt, die Erziehung der Sinne. Rousseau teilt den sensualistischen Grundsatz, dass alle abstrakten Ideen auf der Grundlage von Wahrnehmungen entstehen. Er macht diesen Grundsatz für pädagogische Zwecke fruchtbar, Geometrie zum Beispiel darf nicht auf abstrakte Weise unterrichtet werden, vielmehr soll Emile die Welt um sich herum beobachten, sein Auge schulen und lernen, Entfernungen einzuschätzen. Auch soll er seine eigenen Messinstrumente bauen, bevor er aus konkreten Messungen die abstrakten geometrischen Formeln erarbeitet.

Generell plädiert Rousseau gegen Bücherwissen und altkluge Kinder, die über ein umfangreiches theoretisches Wissen verfügen, das sie nicht anwenden, sondern nur passiv wiedergeben können. Emile dagegen weiß nicht sonderlich viel, aber er kann mit seinem selbsterworbenen Wissen viel anfangen.

Bücher zum Lesen bekommt er nicht, weil laut Rousseau Bücher »eine Plage der Kindheit« seien. Ein Buch liest er allerdings mit Begeisterung: *Robinson Crusoe*. Der Titelheld ist vorbildlich, da er alles aus sich selbst und seiner Umwelt ohne Hilfe herausholt.

Auf dem Lande lebend, ist Emile mit allen ländlichen Arbeiten vertraut. Zusätzlich soll er in Buch III einen handwerklichen Beruf erlernen, bei dem die Hände stärker gefordert werden als der Kopf. Emile lernt Tischler, und zwar nicht, weil aus ihm ein solcher werden soll – aus ihm soll alles Mögliche und nichts Besonderes werden –, sondern wegen des erzieherischen Werts dieser Ausbildung. Hier manifestiert sich eine weitere Provokation, die sich gegen den aristokratischen Habitus richtet, der praktische, handwerkliche Tätigkeiten verachtet.

Die »negative Erziehung«, wie sie in Buch II und III von Jean-Jacques praktiziert wird, stellt die Frage nach der Rolle der erziehenden Person. Was bloß kann ihre Rolle sein, wenn die Erziehung durch die Menschen in diesem Alter so gut wie ausgeschaltet werden soll und die Initiative im Lernprozess beim Kind und bei den Dingen liegt?

Da die Gesellschaft nur einen schlechten Einfluss hat und die Natur beziehungsweise die Dinge den Rhythmus vorgeben und den Lernstoff bieten, bleiben dem Lehrer zwei Hauptfunktionen. Dabei muss angemerkt werden, dass diese beiden Funktionen für den Leser aus der Lektüre der fiktionalen Episoden deutlich werden, der Text sie aber nie als solche benennt und theoretisch reflektiert. Die Erkenntnis dieser Funktionen ergibt sich aus dem, was Jean-Jacques, der fiktive Lehrer, tatsächlich tut. Zum einen schützt die erziehende Person das Kind vor der Gesellschaft. Daher die Entscheidung, Emile eher auf dem Land zu erziehen, wo man nicht nur gesünder lebt, sondern auch der denaturierende Einfluss der Gesellschaft weniger umfassend ist. Dort hat es der Lehrer leichter, das Kind von unerwünschten Einflüssen abzuschotten und dafür Sorge zu tragen, dass es weder sich selbst noch seiner unmittelbaren Umgebung schadet.

Zum anderen »hilft« die erziehende Person – ganz diskret, und wie gesagt ohne reflektierendes Eingeständnis des Autors – der Natur und den Dingen. Auch wenn sie die Erfahrungen des Kindes scheinbar bloß begleiten soll, wird im Laufe der Erzählung klar, dass die Situationen, die von Emile als zufällig erlebt werden, in der Tat vom Lehrer herbeigeführt wurden. Seine verdeckte Intervention erhöht oft das Lernpotenzial, das in den Dingen liegt. Auf den ersten Blick hat der Lehrer den Eindruck, dass der Lehrer die Gunst der Stunde nutzt; auf den zweiten erkennt er, wie viel Absicht und Vorbereitung hinter der scheinbaren Improvisation liegt.

Alles deutet darauf hin, dass Jean-Jacques Emile dazu angetrieben hat, Bohnen auf die Beete eines anderen zu streuen, dass er mit dem Zauberer auf dem Jahrmarkt die Magnetendemonstration abgestimmt hat und dass er selbst genau weiß, wo Montmorency liegt. Essenziell ist, dass das Kind die Möglichkeit hat, trotz des Arrangements der Umstände authentische Erfahrungen zu machen, und dass der Lehrer die Lerninhalte nicht vorwegnimmt.

Mit dem »Ausbruch der Leidenschaften« zu Beginn von Buch IV ändert sich im Erziehungsprozess schlagartig alles: die Lerngegenstände und zum Teil auch die Methode. Jetzt soll der Jugendliche die menschlichen Beziehungen, die zunächst als zu komplex aus den früheren Etappen des Lernprozesses ausgeschlossen waren oder nur ausnahmsweise einbezogen wurden, verstehen lernen. Menschliche Beziehungen werden in ihren ethischen und politischen Dimensionen erkundet, und selbst die religiöse Erziehung kommt nun hinzu.

Der Text legt nahe, auf die vom Jugendlichen gerade entdeckten Leidenschaften aufzubauen, anstatt sie zu unterdrücken, wie es die traditionelle Erziehung tut. Denn sexuelle Regungen sind von sich aus weder gut noch schlecht, sie gehören zur menschlichen Natur. Die Sexualität kann aber die Grundlage für unsere Fähigkeit bilden, Beziehungen einzugehen, wenn man sie ohne falsche Scham erkennt und sie reflektiert. Die ersten Regungen und die Anziehung des anderen Geschlechts markieren also den Eingang in die Welt der Beziehungen, während das Kind zuvor nur in einer Welt von Dingen und physischen Verhältnissen lebte. Der Mensch hört auf, isoliert zu sein. Hier spielt wieder das Mitleid – das Einfühlungsvermögen, das bereits im *zweiten Diskurs* als eine natürliche Fähigkeit des Menschen eingeführt wurde – eine entscheidende Rolle. Aus der Identifikationsfähigkeit lassen sich alle Gebote der Gegenseitigkeit deduzieren, die die Grundlage der Ethik darstellen. Ab dem Moment, in dem Emile in der Lage ist, über sein eigenes Empfinden und das von anderen Menschen nachzudenken, kann ethischen, politischen und religiösen Fragen nicht mehr ausgewichen werden. Diese Fähigkeit tritt für Rousseau erst mit der Pubertät ein, mit der Entdeckung der ersten sexuellen Regungen. Von nun an ist der Jugendliche in der Lage, ein eigenes Verständnis für diese Dimension des Lebens zu entwickeln, weil er über eigene Erfahrungen verfügt, die er reflektieren und erweitern kann.

Rousseau greift auf die Begrifflichkeit zurück, die er schon im *zweiten Diskurs* entwickelt hat. Zwei natürliche Grundaffekte leiten den Menschen in seinen Beziehungen zu seinesgleichen: die Selbstliebe (der Selbsterhaltungstrieb) und das Mitleid (die Fähigkeit, sich in andere Menschen und insbesondere in ihre Leiden einzufühlen). Aus diesen zwei Grundtrieben lassen sich sämtliche Regeln des Umgangs mit Menschen in all ihren Facetten - von den Benimmregeln bis zur politischen Organisation menschlicher Gesellschaften - ableiten. Mit alldem wird Emil vertraut gemacht, besitzt dabei immer eigene Maßstäbe, die er aus der Reflexion seiner inneren Regungen entwickelt hat.

Schließlich soll Emile noch in den Genuss einer religiösen Erziehung gelangen, die weder der Grundthese des Buches von der natürlichen Güte des Menschen noch dem konkreten Erziehungsprojekt widerspricht. Jean-Jacques überlässt Emiles religiöse Erziehung einem savoyischen Vikar, dem er als junger Mann mit großem innerem Gewinn begegnet sei.[35] Dem berühmten »Bekenntnis des Savoyischen Vikars« in Buch IV zufolge sind im Gewissen des Menschen alle Prinzipien vorhanden, die Gott dort eingepflanzt hat. Der Mensch soll also auf sein Gewissen hören. Rousseaus Gott ist durch das innere Gefühl fassbar. Er offenbart sich dem Menschen als »höchstes Wesen« oder »höchste Intelligenz«, die Ordnung und Harmonie in die Natur bringt. Der Anblick der Natur und die Stimme des Gewissens führen zu Gott. Die Moral, die sich aus dieser Religiosität ergibt, ist eine Moral des Herzens.

Das »Bekenntnis des Savoyischen Vikars« richtet sich gegen den Atheismus mancher Philosophen (Helvétius, d'Holbach).

Ganz orthodox ist das Bekenntnis aber nicht. Auch wenn es die christliche Offenbarung nicht leugnet, stellt es die Stimme des Gewissens an die erste Stelle, was Rousseau in die bekannte Formel »Gewissen, Gewissen, göttlicher Instinkt« fasst.

Zensiert wurde der Emile nicht so sehr wegen seiner pädagogischen Kühnheit, sondern weil sein Deismus die Offenbarung an die zweite Stelle, nach dem individuellen Gewissen, setzt. Sowohl die französischen wie auch die Genfer Behörden zensierten das Buch.

Buch V ist der Erziehung von Sophie, Emiles zukünftiger Frau, gewidmet: »Sophie muß Frau sein, so wie Emile Mann ist« (E 719). Zwar wird auch Sophie nach den Prinzipien der Natur erzogen. Da aber die weibliche Natur anders als die männliche bestellt ist - Rousseau betont die naturbegründete Differenz der Geschlechter -, fällt die Erziehung anders aus: Sophie wird auf ihre zukünftige Rolle als Ehefrau und Mutter vorbereitet. Per Zufall lernen sich Emile und Sophie kennen; sie verlieben sich augenblicklich ineinander und die Erziehung von Emile endet wie ein Märchen.[36]

Rousseaus Erziehungsroman formuliert und begründet viele Aspekte des modernen Erziehungsprojekts, an die zusammenfassend erinnert sei.

Ziel einer guten Erziehung ist das Glück des Einzelnen, nicht die Anpassung an die Gesellschaft. Die Erziehung Emiles birgt ein deutliches individualistisches Postulat. Das Glück definiert sich über das Gleichgewicht zwischen der praktischen, gefühlsmäßigen und intellektuellen Komponente der Persönlichkeit. Unabhängigkeit und Genügsamkeit sind wichtige Mittel, das Glück zu erreichen. Dank dieser von Jean-Jacques' Erziehung geförderten Qualitäten wird sich Emile als Erwachsener überall zurechtfinden.

Wohlgemerkt meint Glück nicht nur das zukünftige Glück des Erwachsenen, sondern auch das Glück des Kindes. An einer der schönsten Stellen des Buches ermahnt Rousseau die Erzieher, das gegenwärtige Glück des Kindes nicht seinem zukünftigen als Erwachsener zu opfern. Traditionelle Erziehungen opfern dieses Glück im Namen der Zukunft. Für Rousseau darf und kann das Erwachsenenglück nicht um den Preis der Qual des Kindes erreicht werden. Hier und jetzt soll das Kind glücklich sein.

Darüber hinaus ist die Selbsterziehung das erzieherische Ideal der Moderne. Sie bildet Kern und Fluchtpunkt aller späteren, antiautoritären Erziehungsansätze. Rousseau hat sehr überzeugend ihre Vorteile gezeigt. Zweifellos weiß man besser, was man allein entdeckt hat. Außerdem macht die Selbsterziehung, das Lernen durch Erfahrung, aufwendige und potenziell zerstörerische Autoritätsverhältnisse zwischen Kindern und Erwachsenen überflüssig. Rousseau betont mehrfach das Risiko der gegenseitigen Tyrannei.

Ein weiterer moderner Zug des rousseauschen vorgeschlagenen Erziehungskonzepts liegt darin, das Kind als solches und nicht als einen unvollständigen Erwachsenen zu betrachten. Das Kind ist kein Erwachsener im Kleinen, sondern einfach anders. Aus dem Bewusstsein für diese Andersartigkeit entspringt Rousseaus Aufmerksamkeit für die eigenständigen Rhythmen der Kindheit. Die Rhythmen sind zu respektieren und dürfen nicht forciert werden. Diese Forderungen stellen ein Novum in der Kinderpsychologie dar.

Rousseau wendet einen wichtigen Begriff seiner Anthropologie auf das Individuum und seine Erziehung an. Genauso wie im *zweiten Diskurs* für die menschliche Gattung beschrieben, ist auch das Kind vervollkommnungsfähig.

Aus diesem Grund ist Rousseau eine wichtige Inspirationsquelle für die Reformpädagogen des 19. und 20. Jahrhunderts, von seinem Landsmann Johann Heinrich Pestalozzi bis Alice Miller, bei der sich beispielsweise die Idee findet, dass die Bezugspersonen nicht erziehen, sondern bloß authentisch mit dem Kind leben sollen. Aus diesen authentischen Verhältnissen ergibt sich der Entwicklungsprozess.

Auf die Kehrseite eines solchen Erziehungsmodells ist freilich auch hingewiesen worden. Hinter dem Projekt einer negativen Erziehung, in der die erziehende Person nicht autoritär eingreift und das Kind sich aus eigener Erfahrung selbst bildet, verbirgt sich ein sehr manipulativer Erzieher.[37] Viele Formulierungen des Textes, viele Anliegen Jean-Jacques' deuten auf seinen Ehrgeiz, alle Regungen Emiles zu beherrschen und nichts dem Zufall zu überlassen. Eine aufmerksame Lektüre führt sogar zu dem unerwarteten Schluss, dass das unsichtbare Handeln des Lehrers umso notwendiger ist, je mehr das Kind frei experimentieren darf.[38] Die fiktionalen Episoden – insbesondere die Gartenarbeit in Buch II und die Entdeckung der Eigenschaften von Magneten in Buch III – zeigen deutlich, dass der Lehrer eventuell kritische Situationen auffangen muss. Er muss verhindern, dass der Experimentierdrang lebensgefährlich wird. Dass Rousseau diese Rolle des Lehrers darstellt, aber nicht theoretisch reflektiert, macht sie suspekt. Auf der anderen Seite sind diese Schwierigkeiten nicht (nur) auf einen manipulativen Duktus zurückzuführen, sondern sie weisen auf eine prinzipielle Schwierigkeit der negativen Erziehung oder – zeitgenössischer formuliert – des antiautoritären Ansatzes. Selbst wenn man davon ausgeht, dass Erziehung, so frei oder antiautoritär sie auch sein mag, in der Praxis nicht ohne manipulative Momente auskommt (was antiautoritäre Pädagogen selbstverständlich ablehnen würden), stellt sich die Frage nach einer Kontrolle dieser Manipulation. Wer oder welche Instanz kontrolliert sie? Welche ethischen und psychopädagogischen Kriterien rechtfertigen sie, und welche Folgen zeitigt sie? Das Problem wird nicht expliziert – und im Text nur durch die anfängliche Annahme gelöst, dass Jean-Jacques mit göttlichen Qualitäten ausgestattet ist und immer für das Wohl seines Zöglings sorgt.

Das unsichtbare Handeln des Lehrers unterläuft die für Rousseaus Konzeptualisierung des Erziehungsprozesses so wichtige Unterscheidung in die Erziehung durch die Dinge und die Erziehung durch die Menschen. Denn letztlich stößt Emile nie wirklich auf die Dinge, auf ihre unvermittelte Notwendigkeit, sondern immer auf die Arrangements seines Lehrers.

Die Unterscheidung zwischen den Dingen und den Menschen erweist sich als schwierig, auch wenn sie spekulativ fruchtbar ist. Psychologisch und pädagogisch lässt sich gut nachvollziehen, warum die Notwendigkeit, die aus den Dingen rührt, besser und effektiver ist. Die Chancen des Kindes aber, auf die reine Notwendigkeit, auf von Menschen unberührte Dinge zu stoßen, sind äußerst gering. Immer sind in menschlichen Lebenswelten die Dinge vom menschlichen Willen und Tun geprägt und mit Sinn versehen. Hinter den Dingen stehen immer Menschen, die diese Dinge benutzen, bearbeiten oder geschaffen haben. Dies wird in allen fiktionalen Episoden in Buch II und III offenbar, in denen der ursprünglich intendierte Sachunterricht - den allein Rousseau für dieses Alter als geeignet betrachtet - sich jedes Mal in einen Ethikunterricht oder Gesellschaftskunde verwandelt: Die Gartenarbeit hatte als explizites Ziel den Eigentumsbegriff, was den Stoff von Buch IV vorwegnimmt; ein typisches Sachkundethema, die Verifizierung der Eigenschaften eines Magneten, mündet in Ethikunterricht - Emile, der den Zauberer herausgefordert hat, lernt schließlich, dessen Broterwerb zu respektieren.

Die praktische Schwierigkeit, zwischen der Erziehung der Dinge und der der Menschen zu unterscheiden, macht auch die Entscheidung, Emile nicht nur auf dem Lande, sondern auch in einer gewissen Isolation zu erziehen, fragwürdig. Die Gründe, die zu dieser grundsätzlichen Entscheidung führten, sind klar: Der Einfluss der real existierenden Gesellschaft ist schlecht. Wenn die natürliche Güte im Kind gerettet werden soll, muss gegen die Gesellschaft erzogen werden, am besten außer Reichweite ihrer zerstörenden Einflüsse. Rousseau stellt selbst die rhetorische Frage, ob man das Kind »auf dem Mond« erziehen sollte, und beantwortet sie mit der Wahl des Landes als Kompromiss zwischen radikaler Abschottung von der Gesellschaft und Einbettung in sie. Jedoch stellt sich die Frage, wie das Kennenlernen menschlicher Verhältnisse, die doch einen wichtigen Gegenstand im Erziehungsprozess darstellen, in dieser künstlichen Situation möglich ist und was das für die Zukunft des Kindes bedeutet. Dies ist schließlich eine Frage, die sich jedem Erziehungsprojekt stellt, das auf die Veränderungen einer Gesellschaft zielt. Und eine kritische und reformatorische Absicht hegen viele Erziehungsprojekte der Moderne. Darauf liefert *Emile* keine theoretische Antwort, wohl aber eine literarische. Die nie vollendete Fortsetzung des *Emile*, das darin beschriebene Leiden in der Gesellschaft lässt ahnen, dass das Verhältnis des ehemaligen Zöglings von Jean-Jacques zur Gesellschaft kein ganz friedliches sein wird.[39]

Signifikant ist auch die systematische Unterschätzung der intellektuellen Neugier und der affektiven Bedürfnisse des Kindes. Diese hat mit der spekulativen Einteilung des Lernstoffes in physische und soziale Gegenstände zu tun. Rousseau hat aus guten methodologischen Gründen die Begegnung mit sozialen Fragen auf die Pubertät (Buch IV) verschoben. Denn streng genommen ist die negative Erziehung nur in einer Welt von Dingen und nicht in einer Welt von Menschen möglich. Es fragt sich aber, ob diese Einteilung des Lernstoffes, die letztlich eine Konsequenz der negativen Erziehung und der mit ihr zusammenhängenden Unterscheidung zwischen der Erziehung durch die Dinge und durch die Menschen ist, psychologisch plausibel ist. Denn vom frühesten Alter an leben die Kinder in einer Welt von Menschen, von Beziehungen.

Schließlich darf nicht unerwähnt bleiben, dass das Buch V (Sophies Erziehung) den *Emile* zu einer Zielscheibe für Feministinnen gemacht hat. Kritisiert wurden nicht nur die Inhalte dieser Erziehung, die das Mädchen darauf vorbereiten, dem Mann zu dienen und sein Haus und seine Kinder zu hüten, sondern auch die Rechtfertigung dieser unterschiedlichen Behandlung von Mädchen und Junge über die Natur – in dem Fall die Natur der Geschlechter. Die feministische Lektüre eröffnet die Möglichkeit einer Kritik des Naturbegriffs als Rechtfertigung gegebener Verhältnisse.

Die familiäre Utopie der *Neuen Héloïse*

Der *Gesellschaftsvertrag* konstruiert das Modell einer gerechten sozialpolitischen Organisation. Weil aber Rousseau in einem historischen Kontext zu leben meint, von dem nichts Gutes zu erwarten ist, bietet *Emile* das Modell einer rein privaten Erziehung am Rande der Gesellschaft. Beide Bücher sind als Alternativen, als spekulativ-utopische Gegenwelten angelegt. Die Suche nach Alternativen – und seien es abermals nur spekulative – zu den bestehenden Verhältnissen war auch die Triebfeder des Romans *Julie oder die neue Héloïse* (1761). Diesmal ist die imaginierte Perfektion nicht politischer oder pädagogischer, sondern emotionaler, häuslicher und wirtschaftlicher Natur. Rousseau nutzt diese romanhafte Fiktion, um etwas zu entwickeln, wofür es in Geschichte und Gegenwart keine Modelle gibt. Erneut wird, wie im *Gesellschaftsvertrag* und im *Emile*, über die Fiktion nach Möglichkeiten gesucht, die zerstörerische Dynamik der historischen Gesellschaften zu überwinden. Genauso wie der *Gesellschaftsvertrag* nach dem unwiderruflichen Verlust von Gleichheit und Unschuld des Naturzustandes die Utopie einer gerechten politischen Organisation entwirft und der *Emile* die Möglichkeit einer naturkonformen Erziehung in einem nicht mehr natürlichen Raum vorführt, bietet die *Neue Héloïse* das Beispiel einer den natürlichen Bestimmungen des Menschen nicht widersprechenden Verfeinerung des Lebens. In dieser Fiktion erhält Kultur wieder eine positive Bedeutung; Kultur wird mit der Natur versöhnt.

Die *Neue Héloïse* ist *der* europäische Bestseller des 18. Jahrhunderts. Kant hat sie mit Begeisterung gelesen, zahllose Leserinnen schrieben Rousseau schwärmerische Briefe. Es mag überraschend sein, einen in den bukolischen Landschaften der Schweiz spielenden Liebesroman als philosophischen

Stoff betrachten zu wollen. Jedoch finden wir auch hier alle wichtigen Themen Rousseaus wieder. Unter welchen Bedingungen kann der Einzelne Glück unter seinesgleichen finden? Wie müssen Individuen beschaffen sein, damit das Gemeinschaftsleben dem individuellen Leben nicht schadet und umgekehrt? Wie kann man sich eine solche Gemeinschaft vorstellen, die alle glücklich macht? Was sind die authentischen materiellen und seelischen Bedürfnisse, denen nachzukommen sich lohnt?[40]

Auf all diese Fragen bietet die *Neue Héloïse* eine fiktionale Antwort. Rousseau gibt an, zum Schreiben des Romans in das Land der Schimären geflüchtet zu sein, weil er zur Welt der realen Menschen keinen glücklichen Zugang fand. Die *Neue Héloïse* ist eine Revanche der Fiktion und des Traums gegenüber den Enttäuschungen des Lebens. In der Fiktion werden fundamentale Wünsche und Bedürfnisse neu geordnet und zu einem kohärenten Ganzen verknüpft. Widersprüche - zwischen Natur und Kultur, Leidenschaft und Vernunft, Privatheit und Offenheit, Land- und Stadtleben - werden überwunden.

Der junge Saint-Preux, Hauslehrer in einer adeligen Familie in Vevey am Ufer des Genfer Sees, verliebt sich in seine fast gleichaltrige Schülerin Julie d'Étanges. Die *Neue Héloïse* ist ein Briefroman, in dem die Charaktere alles brieflich kommentieren - gleich, ob sie für längere Zeit getrennt sind oder sich nur für kurze Zeit nicht sehen. Gefühle werden sofort beschrieben und reflektiert. Um Saint-Preux' Zurückhaltung und Ritterlichkeit zu belohnen, lädt ihn Julie mit ihrer Cousine Claire zu einem Spaziergang in einen Hain und gönnt ihm einen Kuss. Danach jedoch befürchtet Julie, dass Saint-Preux' Liebe zu gewaltig wird, und bittet ihn, sich für einige Zeit von ihr fernzuhalten. Saint-Preux zieht in den Valais - zu Fuß, wie einst Rousseau -, um dort geschäftlich tätig zu werden. Er berichtet vom Glück, das ihm die Berglandschaft vermittelt. Jedoch fällt die Trennung den Liebenden immer schwerer. Als sie sich wiedersehen, verbringen sie eine einzige beglückende Liebesnacht miteinander. An eine Heirat ist allerdings nicht zu denken, weil Julies Vater seine Tochter niemals einem bürgerlichen Mann anvertrauen würde. Trotz der Bemühungen von Milord Edouard, einem englischen Gentleman und Freund von Saint-Preux, weigert sich Julies Vater, der Heirat zuzustimmen. Julie muss sich fügen und Monsieur de Wolmar heiraten, einen älteren Mann, den ihr Vater für sie als Ehemann auserkoren hat, während ihre Cousine Claire eine Liebesheirat eingehen darf. Julie bricht den Kontakt - auch den Briefkontakt - mit Saint-Preux ab. In der Hoffnung, seine Suizidgedanken überwinden zu können, lässt er sich auf eine Weltreise mit Milord Edouard ein. Nach seiner Rückkehr vier Jahre später lädt Julie ihn ein, mit ihr, ihrem Mann, ihren beiden Söhnen, der inzwischen verwitweten Claire und deren Tochter auf dem Landgut Clarens zu leben. Die kleine Gemeinschaft von Clarens umfasst alle Mitglieder einer Groß-, aber auch Patchworkfamilie, die Angehörigen, die Diener, die Bauern. Monsieur de Wolmar, dem Julie ihre frühere Liebe zu Saint-Preux eingestanden hat, will Saint-Preux endgültig von seiner alten Liebe heilen. Er vertraut Julie und ihm und lässt sie ungestört. Die beiden pilgern zu den Orten ihrer Liebe am Genfer See; sie gestehen sich gegenseitig ihre noch immer bestehende Liebe, realisieren jedoch auch die Notwendigkeit, sie zu überwinden. Saint-Preux bleibt Julie in Freundschaft verbunden und siedelt nach Clarens über, dem Landgut der Familie Wolmar.

Die *Neue Héloïse* ist die Geschichte einer unmöglichen Liebe, die nur über Schmerz und Opfer in Freundschaft überwunden wird. Dieses Opfer ist der Preis, den Julie und Saint-Preux bezahlen müssen, um ihre Freundschaft zu retten, aber auch um die ideale Welt Clarens', wie sie insbesondere im 5. Teil des Romans ausführlich beschrieben wird, zu ermöglichen.

Diese Welt ist eine kleine Utopie, eine Ausnahme im Gesamtgeflecht der Gesellschaft. Clarens wird als ein Ort beschrieben, in dem man zu leben weiß (NH, V, 2)[41], also als ein Ort, in dem die existenzielle Frage nach dem Glück des Einzelnen in seiner Beziehung zur Gemeinschaft tatsächlich gelöst ist. Deshalb sollen hier kurz die Charakteristika dieses Lebens beschrieben werden.

Zunächst macht die kleine Welt von Clarens ihre Angehörigen glücklich, weil sie ehrlich ist. In dieser Welt hat niemand etwas zu verbergen. Höflichkeit und Heuchelei werden durch den Ausdruck authentischer Gefühle überflüssig; Respekt für andere kommt aus dem Herzen. Außerdem dürfen Gefühle, selbst wenn sie nicht in ihrer ursprünglichen Form ausgelebt werden können, ausgedrückt werden. In dieser Welt der Gegenseitigkeit werden sie mit Takt und Mitgefühl zur Kenntnis genommen.

Das Leben organisiert sich um die Person Julies; sie ist das Zentrum der wirtschaftlichen und seelischen Organisation der Gemeinschaft. Dank Julies Ausstrahlung vereint das Leben in Clarens ansonsten widersprüchliche Eigenschaften: Es ist sowohl rational, wirtschaftlich, arbeitsam und tugendhaft als auch fröhlich, unbekümmert, herzlich und sogar euphorisch. Alle - die Familienmitglieder, die Freunde und Bekannten, aber auch die Diener und Pächter, die für die Familie Wolmar arbeiten - haben an dem Glück teil. Alle sind für alle da und glücklich, weil sie von der Gemeinschaft das zurückbekommen, was sie selber geben: das Glück, von den anderen akzeptiert zu werden, ohne etwas verbergen zu müssen. Starobinski (1988) hat die strukturelle Verwandtschaft dieser Glücksauffassung - auch wenn sie sich auf einer ganz anderen, privaten Ebene abspielt - mit der des *Gesellschaftsvertrags* verglichen, bei der alle ihr Glück daraus beziehen, dass sie sich der Gemeinschaft zunächst ganz hingeben.[42] Das Fest nach der Weinlese, das alle Bewohner von Clarens samt Bauern und Dienerschaft in Euphorie vereint (NH, V, 6), erzeugt eine dem Allgemeinwillen ähnliche Emotionalität: das Individuum wird zu seinem Glück in der Gemeinschaft aufgehoben.

Clarens ist jedoch weit davon entfernt, eine demokratische und egalitäre Gesellschaft zu sein, wie sie im *Gesellschaftsvertrag* entworfen wird. Die ganze Geschichte entfaltet sich in traditionellen feudalen Strukturen, die zum Beispiel verhindert haben, dass Saint-Preux Julie heiratet. Patriarchalische Hierarchien bleiben unangetastet, und Julie betont sogar, dass soziale Hierarchien nicht umgewälzt werden sollen. Sie plädiert explizit für den Erhalt des sozialen Status quo (NH, V, 2). Stabilisiert wird diese Struktur durch den gegenseitigen Respekt. Die Herzensgüte der Herrschenden, insbesondere von Julie, schafft - so der Roman - eine gefühlsmäßige Gleichheit, die die tatsächliche Ungleichheit der Stände irrelevant macht. Zwar bleibt die Ungleichheit eines der Übel des Gesellschaftslebens; die Art und Weise, wie der Erzähler den existierenden Verhältnissen begegnet, deutet aber nicht auf Revolution und unterscheidet sich somit vom Radikalismus der theoretischeren Texte Rousseaus.
Interessant ist Clarens auch wegen seiner wirtschaftlichen Organisation: Die kleine Gemeinschaft lebt von der Landarbeit, die die Bauern und Diener der Familie Wolmar verrichten. Dies zeugt nicht nur von klassischen feudalen Verhältnissen, sondern auch von einer gewissen Nähe zu den wirtschaftlichen Vorstellungen der Physiokraten; die Landwirtschaft ist die Quelle des Reichtums und des Wohlbefindens der Bevölkerung.[43] Anders als die Physiokraten misstraut Monsieur de Wolmar aber dem Geldverkehr. Er zieht den Tausch von Naturalien oder gar ein Leben in Autarkie vor. Die kleine Gesellschaft von Clarens konsumiert hauptsächlich das, was sie selbst produziert, und versucht, so gut es geht, von Vermittlern wie Geld und Handel unabhängig zu bleiben. Clarens' Wirtschaft steht somit quer zur Begeisterung der Aufklärung - und speziell der Enzyklopädisten - für die weltweite Entwicklung von Handel und Austausch.[44]
Landarbeit ist die Arbeit schlechthin, die edle Arbeit, die Menschenleben vor der Sinnlosigkeit und Unsittlichkeit

bewahrt. Wie das Eigentum auch ist Arbeit im Denken von Rousseau ein komplexes Phänomen. Im Naturzustand ist sie noch unbekannt, sie tritt erst mit der Einführung der Landwirtschaft auf. Somit gehört Arbeit zur evolutionären Katastrophe, die zum Verlassen des Naturzustandes führt (wie im *zweiten Diskurs* erörtert). Auf der anderen Seite wird sie sowohl in der *Neuen Héloïse* wie auch im *Emile* positiv bewertet. Die Aneignung des Landes durch die Einzelnen beruht dem *zweiten Diskurs* zufolge auf der erstmaligen Besetzung des Landes durch Arbeit. Arbeit rechtfertigt in Rousseaus Augen die ursprüngliche Aneignung moralisch, wie es auch in der Gartenarbeitsepisode im *Emile* der Fall ist: Emile soll lernen, das Eigentum anderer Bauern zu respektieren, weil ihr Stück Land ihr Arbeitsinstrument ist und deshalb Respekt verdient.

Arbeit und insbesondere Landarbeit ist in der *Neuen Héloïse* nicht nur angesichts ihrer moralischen und wirtschaftlichen Auswirkungen respektabel; sie ist sogar das Mittel einer Versöhnung mit der Natur. Sie bietet die Möglichkeit einer positiven Kultiviertheit, eines kultivierten Verhältnisses zur Natur.

Die Natur, die im Roman ausführlich beschrieben wird, ist zum einen die wilde Natur: die mal heiteren und mal stürmischen Landschaften des Genfer Sees, die Alpen. In ihnen betrachten Julie und Saint-Preux das Werk und die Unendlichkeit Gottes. In ihnen finden sie Trost.

Die *Neue Héloïse* markiert einen historischen Einschnitt in die Geschichte der Naturwahrnehmung: Die Betrachtung der wilden Natur wird zum ästhetischen Genuss erhoben. Die Natur ist zum anderen aber auch die kultivierte Natur, sie ist das durch die Arbeit der Menschen fruchtbar gemachte Landgut Clarens. Das Prachtstück dieser kultivierten Natur bildet Julies Garten. Mitten auf dem Landgut gelegen, ist er so fruchtbar wie auch schön und raffiniert. Im Clarenser Leben vereinen sich ländliche Natürlichkeit und städtisches Raffinement. Arbeit, die produktive und gestalterische Tätigkeit

der Menschen, verfeinert das Leben zum Genuss für die Sinne und die Seele.
Etliche Kommentatoren, so zum Beispiel Victor Klemperer und Bronislaw Baczko, haben auf die konservativen und sogar reaktionären Stereotypen dieser autarken und arbeitsamen Idylle hingewiesen. Bemerkenswert sind sowohl die Unterschiede zu den theoretischen Texten – insbesondere zum *Gesellschaftsvertrag* – wie auch die Übereinstimmungen. Wichtige Motive werden aufgenommen und in ein neues emotionales Licht gestellt, wie etwa die Faszination für Einheit und Einmütigkeit. Manche Themen, beispielsweise seine Ausführungen zum Wert der Arbeit, rücken Rousseau in die Nähe anderer Autoren der Aufklärung. Andere wie die Distanz zum Geld und zum Handel und die Begeisterung für das Leben auf dem Lande geben ihm unter den französischen Aufklärern eher eine Sonderstellung.

Sprache

Rousseaus Gesellschaftsphilosophie - sein Verständnis von menschlichen Beziehungen in einem gesellschaftlichen Geflecht - schließt auch eine Sprachphilosophie ein: Was vermag Sprache? Welche Rolle spielt sie in menschlichen Beziehungen und in gesellschaftspolitischen Prozessen? Wie ist Sprache zwischen Natur und Kultur anzusiedeln?

Zwei Texte beschäftigen sich explizit mit Sprache: ein langer Abschnitt der *Abhandlung über den Ursprung und die Grundlagen der Ungleichheit unter den Menschen* (1755) und der *Essay über den Ursprung der Sprachen* (1781 posthum erschienen, 1754–1761 geschrieben).[45] Zudem sind wichtige Passagen des *Emile* dem Erlernen der Sprache und dem Umgang mit ihr in der Erziehung gewidmet. Außerdem finden sich im ganzen Werk zerstreut Anmerkungen zum gesellschaftlichen Sprachgebrauch, zur Inadäquatheit von Sprache und Sache, Sprache und Gefühl, Sprache und Wahrheit.

Wie so oft bei Rousseau führt der Erklärungsansatz über eine Rückkehr zum Ursprung. Deshalb werden hier zuerst Rousseaus Vorstellungen vom Ursprung der Sprachen und dann die anthropologischen Konsequenzen des Faktums Sprache dargestellt.

Der Mensch im hypothetischen Naturzustand, wie Rousseau ihn zu Beginn des *zweiten Diskurses* porträtiert, ist ohne Sprache. Erst mit der Vergesellschaftung wird die Sprache notwendig. Sie wird sogar zur »ersten gesellschaftlichen Institution« erklärt. Deshalb muss sich eine Genealogie der menschlichen Gesellschaften, wie die *Abhandlung über den Ursprung und die Grundlagen der Ungleichheit* es ist, mit der Frage nach dem Ursprung beschäftigen: Wie und wann ist Sprache entstanden? Wo ist ihr Ursprung im fatalen Kulturprozess anzusiedeln? Welche Effekte waren damit verbunden?

In seiner Darstellung vom Sprachursprung teilt Rousseau viele Grundvorstellungen seiner Zeitgenossen, verleiht ihnen aber eine eigene Prägung.[46]

Solange die Menschen keinen oder wenig Kontakt miteinander haben, ist die Vernunft noch nicht entwickelt, auch wenn ihre Möglichkeit im Menschen angelegt ist. In dem Moment, in dem sich die Kontakte zwischen den Menschen verdichten, ist die Sprache zunächst notwendig, um Affekte mitzuteilen. Dies geschieht über Laute und Gebärden. Diese erste Ausdrucksform bezeichnet Rousseau, wie in der damaligen Sprachtheorie, etwa bei Condillac, geläufig, als *langage d'action*. Die Elemente dieses *langage d'action* kann man als Protozeichen betrachten. Sie sind noch nicht stabil, bezeichnen ihren Gegenstand nur lose. In dieser Ursprache wird für jeden Gegenstand ein neues Zeichen erfunden. Rousseau teilt die damals verbreitete Ansicht, dass die ersten Sprachen nur aus Eigennamen bestanden. Allmählich entdecken die Menschen Gesetzmäßigkeiten und fangen an, die gleichen Laute oder Gebärden in Bezug auf eine immer wiederkehrende Empfindung oder eine Sache bewusst zu wiederholen. Später werden diese Laute und Gebärden, die ursprünglich an eine Empfindung gebunden sind, zu Zeichen, die von der aktuellen Präsenz der bezeichneten Objekte unabhängig sind. Somit werden die Sprachzeichen willkürlich – wobei Rousseau so wenig wie Condillac oder spätere Sprachursprungsphilosophen erklären kann, wie man von den ursprünglichen Lauten und Gebärden, von den »sensiblen« zu den willkürlichen Zeichen gelangt.

Diese spekulative Rekonstruktion des Sprachursprungs steht vor einem gravierenden Problem: Um sprechen zu können, müssten die Menschen schon Gesellschaften gebildet haben. Auf der anderen Seite kann man sich keine funktionierende Gesellschaft ohne Sprache vorstellen. Gewiss ist nur, dass Sprache und Gesellschaft sich gegenseitig bedingen, dass Sprache mit Vergesellschaftung eng verbunden ist. Was zuerst da war, kann nicht entschieden werden; Rousseau betont die aporetische Natur der Frage.

Alle früheren oder späteren Theoretiker des Sprachursprungs dagegen zeichnen sich durch ihren Enthusiasmus angesichts der Sprachentwicklung und ihre Neigung, alle Hindernisse der Entwicklung kleinzureden, aus. Sie stellen sie als etwas dar, was stattfinden musste: Es hätte nicht sein können, dass der Mensch nicht spricht, selbst wenn er von Natur her nur die Anlage und nicht die Sprache selbst besitzt. Denn alles in seiner Veranlagung beruft ihn dazu, Sprache zu erfinden.[47] Dementsprechend stellen alle naturalistischen Sprachursprungstheorien – im Gegensatz zu den Theorien, die die Sprache als eine Gabe Gottes betrachten – den Ursprungsmoment etwas triumphalistisch dar. Leicht und schnell wurden die stummen Menschen irgendwann zu Sprechwesen. Rousseau hingegen betont, dass der Sprachursprung, zusammen mit der ungefähr zeitgleichen Erfindung der landwirtschaftlichen Instrumente, ein Ereignis war, das trotz seiner Unwahrscheinlichkeit und nur unter größten Schwierigkeiten stattgefunden hat.

Fest steht: Die Menschheit spricht. Auch Rousseau muss dies einräumen, wenn auch mit Widerwillen. Er weigert sich, eine plausible und kontinuierliche Erklärung zu liefern. Partikulare Sprachen entstehen zunächst in den Familien, gemeinsame Volkssprachen in den sich bildenden Gesellschaften. Diese ersten Sprachen zeichnen sich durch ihre Bildhaftigkeit aus, sie sind poetisch und emotional. In ihnen leben noch Spuren des ursprünglichen *langage d'action*.

Der *Essay über den Ursprung der Sprachen* setzt dort ein, wo die *Abhandlung über den Ursprung und die Grundlagen der Ungleichheit unter den Menschen* aufhört, mit der Beschreibung der ersten Sprachen in den gerade entstandenen Gesellschaften. Die Sprachursprungsproblematik war in der *Abhandlung* ein notwendiges Element der Genealogie menschlicher Gesellschaften. Der *Essay* vertieft, was in der *Abhandlung* nur beiläufig erwähnt worden ist: die Entwicklung von Sprache, Ritualen, Festen, Musik. Auch setzt er den zeitlichen Schwerpunkt anders. Diesmal kehrt Rousseau gedanklich nicht mehr bis zum Naturzustand zurück, sondern beschäftigt sich mit der Epoche, in der sich schon erste Gesellschaften gebildet haben. Die Menschen haben zueinander gefunden, die beiden Geschlechter haben jenseits der animalischen Anziehung Gefühle füreinander entwickelt, die zum Ausdruck gebracht werden wollen. Eher um Gefühle als nützliche Gedanken mitzuteilen, haben die Menschen sprechen wollen. Die ersten Sprachen sind »Töchter des Vergnügens, nicht des Bedürfnisses« (EUS, 133 f.). Dies ist eine Kritik an Condillac, der die Not als einen entscheidenden Impuls für die Sprachentwicklung darstellte.[48] Die Liebe zueinander hat die Menschen dazu gebracht zu sprechen. Dabei wird der Sprache auch ein anderer Wert zugeschrieben. In der *Abhandlung* ist sie bloß ein Aspekt des evolutionären Verhängnisses. Im *Essay* (EUS, 99) wird die Tatsache, dass nur der Mensch über eine willkürliche Sprache verfügt, positiv dargestellt. Der ursprüngliche Sprachgebrauch ist mit Glücksgefühlen verbunden: Ganz bukolisch stellt Rousseau dar, wie neben den ersten Brunnen Mädchen und Jungen zusammenkamen, die ersten Feste ausrichteten, Freude aneinander fanden und tanzten und das Bedürfnis nach einem differenzierteren Kommunikationsmedium empfanden (EUS, 133).

Die Grundthese des *Essays* ist die gemeinsame Herkunft von Musik und Sprache. Ursprünglich wurden die Gefühle gesungen. Später spezialisiert sich diese urtümliche Kommunikationsform in eine artikulierte und willkürliche Sprache auf der einen Seite und in Musik auf der anderen. Der *Essay* verfolgt ihre parallelen Entwicklungen bis zum heutigen doppelten Verfall.

Die ursprüngliche Sprache (EUS, 106–108) bestand aus nicht oder wenig artikulierten Ausrufen. In ihr dominieren die

Vokale, Konsonanten (oder wie Rousseau sagt: »Artikulationen«) sind die Ausnahme. Dafür kann die vokalische Emission durch Höhe und Länge der Töne unendlich moduliert werden. Diese Ursprache soll bildhaft gewesen sein und nur über wenige abstrakte Verhältniswörter verfügt haben. Sie zeichnet sich durch »Euphonie« (Wohlklang) eher als grammatikalische Präzision aus.

Aus diesem ursprünglichen Medium entwickeln sich die modernen Sprachen durch zunehmende Artikulation und Präzision, wobei sie an Bildhaftigkeit und Emotionalität verlieren. Die Erfindung der Schrift trägt das Ihrige bei: Dem Gewinn an Genauigkeit steht der Verlust der Expressivität gegenüber. Ein weiteres Entwicklungssymptom ist der Rückgang der Eloquenz (EUS, 156ff.). In früheren Zeiten sei Eloquenz eine politische Notwendigkeit gewesen, damit die Bürger sich am Gemeinwesen aktiv beteiligen konnten. Der Zynismus und die Käuflichkeit moderner Zeiten hat sie überflüssig gemacht.[49]

Die Verwandlungen der Sprachen verlaufen parallel zu denen der Musik: Ursprünglich rein melodisch, hat sich die Musik mit der Entdeckung und der immer größer werdenden Komplexität der – in Rousseaus Ohren – künstlichen Harmonie verändert. Die moderne, durch die Harmonie dominierte Musik bildet ein Pendant zur modernen, gefühllos gewordenen Sprache.

Die Ursprache war der unverzerrte Ausdruck der Leidenschaften, der inneren Wahrheit des Menschen. Sie war eine Sprache, die die Wahrheit der Dinge – das heißt für Rousseau vor allem die Wahrheit der Gefühle – unverfälscht wiedergab. Den Gefahren der Lüge, der Verzerrung zwischen Affekt und Ausdruck war sie noch nicht ausgesetzt. Diese Gefahr taucht erst später auf – mit der Entwicklung der Sprache im eigentlichen Sinne, als eines Kommunikationsmediums, das willkürliche Zeichen verwendet.

Nun leben wir aber in Zeiten, die der Unauthentizität verfallen sind. Die Sprache drückt nicht mehr die Fülle der

Emotionen aus, sondern ist wesentlich auf Floskeln reduziert. Auch leben wir in politischen Verhältnissen, die jene Fülle und Authentizität nicht mehr erlauben. Sprache kann lügen und schmeicheln. Dies bestätigen alle Erfahrungen in der menschlichen Gesellschaft, wie sie in den *Bekenntnissen* und den *Dialogen* festgehalten werden. Wo ursprüngliche Fülle und Einheit verloren sind, sind Lüge, Missverständnis, heuchlerische Höflichkeit, leeres Gerede die Risiken des Sprachverkehrs.

Davon soll zumindest die ideale Erziehung verschont bleiben. Emile wird zunächst von einer Gesellschaft, in der Floskeln und Höflichkeit dominieren, ferngehalten. Höflichkeitsformeln hat er nicht gelernt. Dafür vermag er ehrliche Gefühle des Respekts zu empfinden und auszudrücken. Er verliert sich nicht in vorgestanzten Formeln, sondern meint, was er sagt.

Jean-Jacques' Methode bewahrt ihn auch vor einer weiteren Form der Verzerrung zwischen Wort und Sache. »Normal« erzogene Kinder lernen die Welt über die Worte kennen. Man bringt ihnen »Worte« bei, *»on les paye de mots«*, wie Rousseau sagt, man bezahlt oder versieht sie mit Worten, nicht mit Dingen. Anders Emile, der die Dinge erfährt, bevor er überhaupt ihren Namen lernt. In Emiles Welt dürfte es kein Wort ohne Sinn, ohne konkreten Bezug geben. Auch darf es keine zweideutigen, hohlen Wörter geben.

Nichts ist für Rousseau schlimmer als ein Kind, das Wörter manipuliert, ohne ihren Inhalt zu kennen. Gerade in der Erziehungsphase ist diese Angewohnheit verheerend; sie kreiert ein zwiespältiges Verhältnis zur Sprache und zur Welt. Daher zum Beispiel die lapidare Aussage von Buch III: »Ich hasse Bücher, denn aus ihnen lernt man nur, darüber zu sprechen, was man nicht kennt.« Und so erklärt sich auch die Empfehlung zu Beginn von Buch IV, bei der sexuellen Aufklärung die Dinge beim Namen zu nennen, anstatt diskret alles im Unklaren zu lassen.

Berühmt ist in Buch II die Kritik der Fabeln von La Fontaine als Lernstoff für Kinder. Entgegen der verbreiteten Meinung behauptet Rousseau, sie seien für Kinder überhaupt nicht geeignet, weil sie sprachlich zu komplex und ethisch ambivalent sind. Vers für Vers kommentiert er die Fabel *Der Rabe und der Fuchs* und weist auf die Figürlichkeit der Sprache, die Dichte an Stilfiguren und Redewendungen sowie auf die mythologischen Anspielungen hin. Auch protestiert Rousseau gegen die sprechenden Tiere: Sie seien nicht wahrscheinlich. In der Realität gebe es keine sprechenden Tiere. Rousseau geht so weit, dass er verlangt, dass das Kind einen Raben schon gesehen haben müsste beziehungsweise wissen müsste, ob der Käse aus Holland oder aus der Schweiz kommt, um die Fabel verstehen zu können. Aus dem Kommentar ergibt sich nicht eindeutig, ob Rousseau wirklich der Meinung ist, dass das Kind von der Fabel überfordert wird, oder ob er lediglich ihre Sprache aus sprachphilosophischen und pädagogischen Gründen ablehnt. Rousseau ist es schon bewusst, dass die Fabel beispielhaft mit der Sprache spielt und an die Vorstellungskraft des Lesers appelliert, an seine Fähigkeit, zwischen den Zeilen zu lesen und die implizite Moral selbst zu schlussfolgern. Dies dürfe aber nicht sein, so Rousseau. Die Zweideutigkeit, das Implizite, die Figürlichkeit, die Unwahrscheinlichkeit - sei sie auch so konventionell und harmlos wie die der sprechenden Tiere - bedrohen die Einheit von Wort und Sache, von Sprache und Welt und würden das Kind mit der Möglichkeit der Duplizität konfrontieren.

Dieses etwas eingeschränkte Sprachverständnis, oder anders gesagt, der übertriebene Realismus unterschätzt die Fähigkeiten eines Kindes. Auch verbietet es jeglichen spielerischen Umgang mit der Sprache. Humor kommt in Rousseaus Transparenzwünschen nicht vor.

Diese sprachphilosophische Einstellung ist im 17. und 18. Jahrhundert jedoch recht verbreitet. Oft wurde die »Ungenauigkeit« und »Zweideutigkeit« der Sprache kritisiert. Die Doppeldeutigkeit der natürlichen Sprachen sollten die damals erdachten künstlichen Sprachen ausmerzen. Sie sollten die Wahrheit der Dinge und der Welt unverzerrt vermitteln, wie einst - vermeintlich - die Ursprache. Diese sprachphilosophische Einstellung hat Rousseau übernommen und in seine Gesellschaftskritik integriert.

Die Person als Problem

Trotz spekulativer und fiktionaler Erforschungen von Alternativen zur Misere der Gegenwart bleibt die Frage nach dem Verhältnis zu den realen Menschen ein schmerzhaftes, ungelöstes, sich gar vertiefendes Problem. Nach der Zensur des *Emile* (1762), nach diversen persönlichen Attacken - insbesondere durch Voltaires Pamphlet *Das Gefühl der Bürger* (1764) - und ersten Wahnsinnsanfällen fühlt sich Rousseau immer mehr missverstanden und ausgeschlossen. Er kann und will sich in dem Spiegel, den ihm die Zeitgenossen vorhalten, nicht erkennen. Also muss er sich rechtfertigen, das Urteil der Zeitgenossen durch sein eigenes Zeugnis widerlegen.

Mit der Ausnahme der *Briefe vom Berge* (1764), des *Entwurfs einer Verfassung für Korsika* (1765), des *Wörterbuchs der Musik* (1767) und der *Betrachtungen über die Regierung von Polen* (1771/72 geschrieben)[50] hat Rousseau nach den drei großen Werken der frühen 1760er Jahre (*Neue Héloïse, Gesellschaftsvertrag, Emile*) nur Autobiografisches geschrieben: die vier Briefe an Malesherbes (1762), die *Bekenntnisse* (geschrieben 1765–1771, posthum veröffentlicht, der erste Teil 1782, der zweite 1789), *Rousseau urteilt über Jean-Jacques. Dialoge* (geschrieben 1772–1776, der erste *Dialog* 1780 posthum veröffentlicht) und die *Träumereien eines einsamen Spaziergängers* (geschrieben 1776–1778, posthum veröffentlicht 1782). Rousseau hat sich also in den letzten fünfzehn Jahren seines Lebens hauptsächlich mit sich selbst beschäftigt.

Betonte sein politisches Ideal die Eingliederung des Individuums in das Kollektiv und die Notwendigkeit, eine - auch gefühlsmäßige - Gemeinschaft zu bilden, beklagt und analysiert der Autobiograf seinen Konflikt mit der Gesellschaft.

Dieser Kontrast ist oft angemerkt worden, manchmal als einer der Widersprüche Rousseaus denunziert worden.
Jedoch sind diese beiden Pole im Werk die zwei Seiten einer Münze. Gern wäre Rousseau ein musterhafter Bürger in einer gerechten, tugendhaften und liebevollen Gesellschaft gewesen. Doch Gesellschaft und Leben verweigerten es ihm. Ebenso wie es unmöglich war, Emile in einer korrupten Gesellschaft zum Bürger zu erziehen, gelang es Rousseau nicht, in solch einer Gesellschaft sowohl tugendhaft als auch glücklich zu leben.
Die Beziehung des Einzelnen zur Gesellschaft wirft noch einmal die alten ethischen, politischen und existenziellen Fragen auf: nach Sinn und Form des Glücks, nach der politischen Bedeutung der Subjektivität und des Individuums. Die autobiografischen Schriften stellen insofern das Zeugnis des Erlebten zu all diesen Fragen dar.
Die vier Briefe an Malesherbes sind eine Vorwegnahme der großen autobiografischen Werke. Rousseau schrieb sie im Januar 1762 nach einer schweren Krise: Mit den beiden Verlegern des *Emile* hatte er Schwierigkeiten; außerdem hatte er nach einem sehr schmerzhaften Unfall – dem Bruch einer Harnröhrensonde – gefürchtet, nicht mehr lange zu leben. Diese Briefe wurden als eine Art Testament geschrieben, gleichsam Kurzmemoiren.[51] In ihnen erklärt Rousseau die Gründe für seine Melancholie und seine Einsamkeit. Er rechtfertigt seine Vorliebe für ein zurückgezogenes und ländliches Leben.
Die *Bekenntnisse* begann er zum einen auf Anregung seines Amsterdamer Verlegers, zum anderen um auf die vielen Gerüchte, die über ihn kursierten, zu antworten.[52] Der Titel lehnt sich an die *Confessiones* von Augustinus an. Das lateinische Wort *confessio* bedeutet »öffentliches Bekenntnis«. Bei Augustinus ist das Bekenntnis zum christlichen Gott mit einer Bekehrung, mit einer Abkehr von den früheren Sünden verbunden. Diese Sünden müssen als Teil der Buße erzählt werden. Die Erzählung zeugt von Gottes Allmacht und

Liebe, die die Bekehrung möglich gemacht haben. So erhält das Wort *confessio* seine andere Bedeutung, die Beichte der Sünde (die im frühen Christentum auch öffentlich war).
Diese Geste – das öffentliche Geständnis der eigenen Fehler – übernimmt Rousseau aus der christlichen Tradition. Jedoch hat seine *confessio* nicht das Bekenntnis zu Gott und das Lob seiner Liebe und Allmacht zum Zweck. Gott spielt für ihn allenfalls die Rolle eines wohlwollenden Zeugen, wie der Beginn der *Bekenntnisse* zeigt (B 9). Die Lebenserzählung dient der Rechtfertigung eines von allen Seiten angeklagten, sich seiner Unschuld jedoch sicheren Menschen. Den Diffamierungen der Zeitgenossen sollen die *Bekenntnisse* eine von Rousseau selbst geschriebene Lebensdarstellung und Persönlichkeitsinterpretation entgegensetzen.
Mit den *Bekenntnissen* begründet Rousseau die Autobiografie als moderne Gattung. Das von ihm erzählte Leben ist weder glanzvoll noch heilig; der geschilderte Mensch ist weder adelig noch an wichtigen öffentlichen Ereignissen beteiligt gewesen, was in früheren Zeiten Voraussetzung für das Interesse an Biografien oder Memoiren war. Gegenstand der Erzählung ist hier die Geschichte eines Privatmenschen »in der ganzen Wahrheit seiner Natur« (B 9). Im Mittelpunkt steht die Entwicklung einer Persönlichkeit mit ihren individuellen Eigenarten. Das moderne autobiografische Projekt – die ganze Wahrheit über einen Menschen zu sagen – schließt auch die Bloßlegung dessen ein, was normalerweise nicht publik gemacht wird. Die Direktheit, mit der Rousseau über Sexuelles, Intimes und Peinliches erzählt, hat viele Zeitgenossen schockiert.
In den *Bekenntnissen* begegnet Rousseau beispielhaft allen Schwierigkeiten der Gattung: dem Problem der Erinnerung mit ihren Lücken und Verzerrungen; der Distanz zwischen dem Erzählenden und dem Charakter, der er gewesen ist; allen die literarische Gestaltung der Erzählung betreffenden Fragen; außerdem der Frage nach dem Zweck der Autobiografie zwischen Rechtfertigung und Aktualisierung der

Erinnerung.[53] In den *Bekenntnissen* findet sich die Vielfalt der Stile und literarischen Mittel, die für seine anderen Werke schon charakteristisch sind, wieder: zugleich präzise und lyrische Rekonstruktion der Erinnerung, Tiefe der psychologischen Selbstanalyse (was bei Rousseau Selbstmitleid und Ressentiment wahrlich nicht ausschließt), erzählerische Spannung, rhetorische Schärfe der Rechtfertigung.

Rousseau urteilt über Jean-Jacques ist eine sehr merkwürdige Schrift. Zum einen beeindruckt ihre Länge: Auf fast 400 Seiten bespricht Rousseau - nach den 650 Seiten der gerade fertiggestellten *Bekenntnisse* - noch einmal alle Einzelheiten seines Lebens und Charakters. Zum anderen ist ihre Struktur originell: Rousseau imaginiert den Dialog eines Franzosen mit einem seine eigene Rolle spielenden »Rousseau« über einen gewissen »Jean-Jacques«. Der Franzose - Vertreter einer Gesellschaft, die alle Tücken und Malheurs des mondänen Umgangs beispielhaft verkörpert - kennt Jean-Jacques nur aus der Darstellung seiner Feinde, die ihn als ein einsames Monster porträtieren; »Rousseau« (als einer der beiden Dialogpartner) kennt »Jean-Jacques« persönlich und verteidigt ihn; er versucht das Bild, das der Franzose sich von ihm macht, mit seinem eigenen in Einklang zu bringen, das heißt die Mechanismen der Diffamierung bloßzulegen.[54] Die Persönlichkeit, von deren Einheit die *Bekenntnisse* noch ausgingen, ist hier schmerzhaft gespalten: »Rousseau« und »Jean-Jacques« sind nicht mehr eins, weil die Gesellschaft es verhindert, und es geht darum, diese Einheit wiederherzustellen. Der Text der *Dialoge* verbindet die Rousseau-typische polemische Schärfe mit tiefer psychologischer Analyse. Zugleich ist die Dialogsituation eine Art Gefängnis. Immer wieder erheben die durch die Stimme des Franzosen vertretenen Feinde Einwände gegen »Jean-Jacques« und lösen eine weitere Rechtfertigungswelle aus. Der Text ist nicht nur sehr lang, er ist in seiner Struktur virtuell unendlich. Pathologisch wiederholt er immer wieder die Anklage-Rechtfertigung-Sequenz. Er ist der zu Wort gebrachte Verfolgungswahn.

Die *Träumereien eines einsamen Spaziergängers* sind ein unvollendetes Spätwerk, das einen Bruch mit den *Bekenntnissen* und den *Dialogen* darstellt. Es ist ein Werk der Einsamkeit: »So bin ich nun allein auf dieser Welt, habe keinen Bruder mehr, keinen Nächsten, keinen Freund, keine Gesellschaft außer mir selber« (T, I, 7). Der nicht enden wollende, schmerzhafte Dialog mit der Gesellschaft ist abgebrochen worden. Hatten die *Bekenntnisse* explizite Adressaten (Gott und die Menschen) und blieben die *Dialoge* trotz ihrer Verrücktheit in der Form noch dialogisch, gerinnt der Text der *Träumereien* zum langen Monolog: »Geben wir uns also ganz der Freude hin, mit unserer Seele zu plaudern: sie ist das Einzige, was die Menschen uns nicht rauben können« (T, I, 14). Der Text ist in zehn »Spaziergänge« gegliedert, wobei die letzten drei unvollendet sind. Nicht so sehr die Spaziergänge selbst werden geschildert; vielmehr werden die Gedanken fixiert, die Rousseau beim Spazieren durch den Geist wandern. Die *Träumereien* sind das »formlose Tagebuch meiner Träumereien«: »Ich schreibe meine Ideen so nieder, wie sie kamen, und stifte unter ihnen nicht mehr logische Verknüpfung, als zwischen den Gedanken des Vortages und denen des anderen Morgens zu bestehen pflegt« (T, 1, 15). Das Glück wird nur noch in der Naturbetrachtung und vor allem in der Bezogenheit auf die eigenen seelischen Regungen gefunden. Kulturgeschichtlich begründen die *Träumereien* eine neue Epoche der Sensibilität: ein neues Naturgefühl, das zum literarischen Motiv gemacht wird, und die schon romantische Verklärung der Einsamkeit und des Leidens.

Liest man die autobiografischen Schriften als Ganzes, ergeben sich sehr kohärente Bezüge zum Gesamtwerk:

1. Die Selbstrechtfertigung wird zu einer weiteren Anklage gegen die Gesellschaft.
2. Die Subjektivität muss sich gegen die Gesellschaft erproben und bestätigen.
3. Die Selbstanalyse entdeckt die innere Zerrissenheit der Person.

4. Schließlich muss, so schmerzhaft es auch ist, eine existenzielle Lösung gefunden werden, die eine Form von Autonomie und Glück trotz allen seelischen Leids erlaubt.

Das Individuum steht schon immer vor Gericht: Diese psychische Struktur beherrscht die *Bekenntnisse* wie auch die *Dialoge*. Jean Starobinski definiert Rousseau als jemanden, der stets verurteilt wurde und von diesem Urteil aus appelliert.[55] Zu Beginn der *Bekenntnisse* stellt sich Rousseau vor, wie er mit den *Bekenntnissen* in der Hand vor das Jüngste Gericht tritt. Jean-Jacques' Prozess wird in den *Dialogen* immer aufs Neue aufgerollt. Die Frage nach dem Urteil über den Menschen wird noch einmal zugespitzt und dramatisiert.

Nun drehen die autobiografischen Texte die allgegenwärtige psychologische Struktur der Anklage um: Nicht mehr seine Feinde und die Gesellschaft haben die Initiative, sondern der Angeklagte selbst. Zu Beginn der *Bekenntnisse* sollen die Mitmenschen lediglich zusehen, wie Gott das von Rousseau selbst erarbeitete Urteil, er sei unschuldig, bestätigen soll: »Ewiges Wesen, versammle um mich die unzählbare Schar meiner Mitmenschen; sie sollen meine Bekenntnisse hören, über meine Nichtswürdigkeit seufzen und über meine Nöte erröten. Jeder von ihnen enthülle seinerseits sein Herz mit der gleichen Aufrichtigkeit zu den Füßen deines Throns, und dann möge auch nur einer dir sagen, wenn er es wagt: Ich war besser als dieser Mensch da!« (B 9)

In den *Dialogen* hat »Rousseau« das letzte Wort. Das Geständnis der in der Tat nicht immer ehrenhaften Handlungen soll seine prinzipielle Ehrlichkeit unter Beweis stellen. Und diese Ehrlichkeit spricht für seine grundsätzliche Unschuld jenseits der eingestandenen Fehler. Die von der Gesellschaft gegen »Rousseau« erhobene Anklage wird gegen sie umgedreht.

Für die Schwierigkeiten im Umgang mit seinesgleichen, für die Einsamkeit und die Missverständnisse macht Rousseau die Gesellschaft verantwortlich. Entwickelte sich das Kind Emile ideal, weil es am Rande der Gesellschaft aufwuchs, schildern die *Bekenntnisse* die missratene Entwicklung des Kindes Jean-Jacques, dem die Gesellschaft es überall schwer gemacht hat, das aber nie aufgehört hat, im Kern »gut« zu sein. Die beiden *Diskurse* analysierten den zerstörenden Einfluss der Gesellschaft auf abstrakte Weise, die *Bekenntnisse* liefern konkrete Beispiele, wie das Kind Rousseau zum Opfer der Gesellschaft wurde.

Denn Rousseau hat nie aufgehört, unschuldig zu sein und sich unschuldig zu fühlen. Das, was die Gesellschaft ihm vorwirft, erklärt sich aus seiner Eigentümlichkeit: Er ist »nicht wie einer von denen geschaffen, die [er] gesehen hat« (B 9). Die erste Seite der *Bekenntnisse* formuliert es metaphorisch: Die Natur hat die Form, in der sie ihn gegossen hatte, nach dem einmaligen Gebrauch weggeworfen (B 9). Von Rousseau gibt es keinen Klon. Dem Projekt der *Bekenntnisse* liegt die Auffassung von der Einmaligkeit und radikalen Originalität des Individuums zugrunde. Diese Einmaligkeit soll durch die Erzählung exemplifiziert werden. Episoden aus der Kindheit und markante Erfahrungen – wie etwa der von Mademoiselle Lambercier verpasste Klaps auf den Po (B 14 f.)[56], die Geschichte des gebrochenen Kamms (B 18 f.)[57], die erste Begegnung mit Madame de Warens (B 48 ff.), die Geschichte des gestohlenen Bandes (B 84 f.)[58], die Fußreisen durch die Alpen (B III und VI) oder das Leben mit Madame de Warens in den Charmettes (B 224 ff.) – dokumentieren und erklären die Eigenarten dieser Persönlichkeit. Ihre Einmaligkeit macht ihren Wert wie auch den Wert ihrer literarischen Darstellung aus.

Gerade weil sie eine Einzelpersönlichkeit konsequent erforscht, verschafft die Selbstreflexion auch Zugang zu grundlegenden Fragen der menschlichen Kondition und stellt einen Beitrag »zum Studium des Menschen« (B 8) dar. Das eigene Leben wird insofern auch als eine beispielhafte Fassung des menschlichen Daseins präsentiert.

Dabei kann sich Rousseau auf sein inneres Gefühl stützen: »Ich fühle mein Herz und ich kenne die Menschen.« (B 9) Er weiß über sich selbst am besten Bescheid, ist der einzig wahre Kenner seiner selbst, reklamiert die Autorität des Individuums in der Interpretation seiner inneren Wirklichkeit. Wie einst der savoyische Vikar es Emile empfahl, horcht er auf die innere Stimme, nicht zuletzt, weil ihn diese gegen das Urteil der Mitmenschen rechtfertigt.[59] Rousseau behauptet die Rechte der Intuition und die Richtigkeit des Selbstgefühls. Somit trägt er entscheidend zu einer Aufwertung von Emotionen und Innerlichkeit bei, die in der Romantik sowie in der reichhaltigen Entwicklung der autobiografischen Gattung im 19. und 20. Jahrhundert ihre Früchte tragen wird.

Was der nach innen gewandte Blick entdeckt, ist die oft unerklärbare Unheimlichkeit und Zerrissenheit des Selbst: »Ich glaube schon bemerkt zu haben, daß es Zeiten gibt, wo ich so wenig mir gleiche, daß man mich für einen andern Menschen von ganz entgegengesetztem Charakter halten könnte« (B 129). Ähnliche Bemerkungen kommen in den *Bekenntnissen* oft vor. »Ich« ist ein anderer. »Ich« erkennt sich nicht wieder. Die Verwunderung über die Diskontinuität des inneren Lebens wird zum Leitmotiv der *Träumereien*. Die offene Form des Spaziergangs soll eine angemessene Erfassung des inneren Chaos ermöglichen.

Schließlich steht noch das Glück auf dem Spiel. Glücklich sind in der Anthropologie Rousseaus Menschen, die autonom sind. Glücklich müssen die Menschen im Naturzustand gewesen sein, weil sie miteinander nichts zu tun hatten und daher unabhängig waren. Glücklich trotz des zu überwindenden Schmerzes der unerfüllten Liebe werden die Charaktere der *Neuen Héloïse*, weil sie einen Modus Vivendi erlangt haben, bei dem sich das gemeinschaftliche Leben nicht auf Kosten der einzelnen Persönlichkeiten vollzieht. Glücklich soll Emile werden, weil er dank Jean-Jacques' Erziehung in sich ruht und sich in jeder Situation zurechtfinden kann. Glücklich wird er sogar nach allen Schicksalsschlägen am Ende des unvollendeten Romans, *Emile und Sophie oder Die Einsamen*, der auf *Emile oder Über die Erziehung* folgen sollte, wieder. Als glücklich, »seinen Feinden zum Trotz«, wird »Jean-Jacques« von »Rousseau« im zweiten *Dialog* bezeichnet, weil er unabhängig von der Gesellschaft sein Gleichgewicht wiedergefunden hat. Die Behauptung mag eine polemische Übertreibung gewesen sein.

Die *Bekenntnisse* und die *Träumereien* entdecken in der Erinnerung eine besondere Quelle des Glücks. Rousseau betont oft, dass die Erzählung die Macht besitzt, die Erinnerung zu aktualisieren, und dass Ereignisse erst in der Erinnerung ihre beglückende Kraft erhalten. So wird das Erzählen zu einer Erfahrung des Wiederbelebens: »seit ich aber über die reifen Jahre hinaus bin und mich dem Alter nähere, fühle ich, wie diese Erinnerungen [aus der frühen Kindheit], während die anderen verblassen, erwachen und sich meinem Gedächtnis mit Zügen einprägen, deren Reiz und Kraft mit jedem Tage wachsen [...]. Ich weiß wohl, daß dem Leser nicht viel daran liegt, das alles zu lesen, aber mir liegt daran, es ihm zu sagen [...]. Vor allem fünf oder sechs [Anekdoten] [...]. Wir wollen uns einigen. Ich erspare Ihnen fünf; aber eine bedinge ich mir aus, eine einzige, vorausgesetzt, man läßt mich so weitläufig als möglich erzählen, damit ich um so länger meine Freude habe« (B 25). Bewundernswert ist in den *Bekenntnissen* eine Erzählkunst, die Spannung erzeugt, die die Kindheitsereignisse zu Abenteuern verdichtet, die es schafft, die eigene Vergangenheit für sich selbst und den Leser wieder heraufzubeschwören. Bemerkenswert ist auch die Reflexion über den Erinnerungsprozess, seine Schwierigkeiten und die ihm eigene Logik. Rousseau eröffnet somit Wege, die später unter anderem von Chateaubriand, Proust und den Tiefenpsychologen weiter erforscht wurden. Auch begründet er in der Literaturgeschichte die Tradition der Kindheitsverklärung, der rührenden Kindheitserzählung. Zusammen mit dem *Emile* zeugen die *Bekenntnisse* von einer neuen Haltung zur Kindheit: zur Kindheit als einer ursprünglichen, glücklichen Zeit, in der der Mensch eins mit sich selbst ist. Es ist die Zeit, die nur verloren gehen kann und deshalb verklärt werden muss. Diese - uns geläufige und inzwischen stereotyp gewordene - Haltung zur Kindheit ist in der Kulturgeschichte ein Novum.

Eine weitere Glücksquelle stellt die Betrachtung der Natur dar. Schon die *Neue Héloïse* enthält berühmt gewordene Naturbeschreibungen: vom Genfer See bei verschiedenen Witterungen, von den Alpen. Ebenso berühmt sind einige Beschreibungen der *Bekenntnisse*, die nicht nur die Landschaften präsentieren, sondern auch ihren Eindruck auf den vagabundierenden jungen Rousseau; der Anblick der Natur wird als ein Faszinosum geschildert. Die Naturbeschreibungen der *Träumereien* verschmelzen die Beschreibung selbst mit der Fixierung der Seelenzustände, die von dieser Landschaft hervorgerufen werden.

In den *Träumereien* liegt eine weitere Quelle des Glücks in der Bezogenheit auf sich selbst. In ihr erprobt Rousseau eine lang ersehnte Form der Autonomie. Zwar besteht das innere Leben aus einem Strudel von Gedanken, Wünschen, Erinnerungen, Fantasien. Die Möglichkeit, sich diesem Strudel zu widmen, in ihn ungestört einzutauchen, erlaubt aber der Psyche, mit sich selbst eins zu werden. Hier schließt Rousseau an die von der religiösen Tradition überlieferten Meditationsmodelle an. In bestimmten Fällen konzentriert sich die Meditation auf noch Wesentlicheres, nämlich auf das nackte Existenzgefühl, die unmittelbare Erfahrung des Selbst:

Angenommen aber, unsere Seele erreichte eine solide Ruhelage, in der sie, ihr gesamtes Wesen konzentrierend, ganz zu sich käme: dann müsste sie Vergangenheit und Zukunft gar nicht bemühen; Zeit zählte für sie nicht, denn dauernd wäre Gegenwart, ohne dass sich diese Dauer freilich bemerkbar machte, ohne dass irgendwo sich ein Vorher oder Nachher abzeichnete, und ohne dass Gefühle entstünden wie Entbehrung oder Genuss, Freude oder Kummer, Verlangen oder Furcht. Wir hätten einzig das Gefühl zu existieren, dieses aber würde unsere Seele ganz erfüllen. Wer sich in solchem Zustand befindet, kann sich, solange er währt, glücklich nennen. Und es wäre dies nicht jenes unvollkommene, armselige, bedingte Glück, das die Freuden des Lebens bieten, sondern ein reichliches, makelloses, vollkommenes Glück, das in der Seele keine Lücke hinterließe, die man noch zu schließen begehrte.« (T, V, 92f.)

Zwei Spaziergänge erzählen von einer solchen Erfahrung. Im zweiten schildert Rousseau, wie er einmal beim Spazierengehen von einem großen Hund umgerannt wurde und wegen des Schocks ohnmächtig wurde. Er beschreibt das Glücksgefühl, das ihn erfüllte, als er wieder zu sich kam: »Was ich nun fühlte, was dermaßen eigentümlich, dass ich es hier unbedingt beschreiben muss. Es wurde Nacht. Ich gewahrte den Himmel, ein paar Sterne und ein wenig Grün. Diese erste Empfindung hatte etwas Köstliches. Ich spürte zunächst nur durch sie, dass ich überhaupt existierte. Ich gelangte in diesem Augenblick zum Leben, und mir schien, als erfüllte ich alle Dinge um mich herum mit meiner zarten Daseinskraft« (T, II, 24f.). Mit einem ähnlichen Glücksgefühl hat ihn die Träumerei erfüllt, als er sich in einem Boot auf dem Bieler See treiben ließ: »In eben dem Zustand nun war ich auf der Petersinsel oft. Meine einsamen Träumereien bescherten ihn mir, wenn ich im Boot lag und mich treiben ließ, wenn ich bei schwerem Wetter am Seeufer saß, aber auch, wenn ich an einem malerischen Flüsschen oder einem Bach weilte, der über Kies dahinmurmelte« (T, V, 93).
Trotz aller einzelnen, erinnerten oder imaginierten Glücksmomente kann eine für das Gesamtwerk charakteristische Bitterkeit und Wut nicht verdrängt werden. Selbst die *Träumereien*, die wiederholt behaupten, die letzten Brücken zur boshaften Welt der Menschen seien abgebrochen worden, der Erzähler sei endgültig vom Druck, den Mitmenschen die

Wahrheit über sich mitzuteilen, befreit, bestehen noch gut zur Hälfte aus ressentimenterfüllten Erinnerungen an seine angeblichen Feinde. Das erreichte Glück ist ein einsames und stoisches, das um den Preis der Resignation und des Schmerzes erkauft worden ist.

Rezeption

Mit den autobiografischen Werken ist ein Kreis geschlossen worden, ein letztes Urteil über die Gesellschaft gefällt und zugleich ein schmerzhaftes Scheitern eingestanden worden. Vielleicht korrespondiert dieses Scheitern mit der wiederholten Behauptung Rousseaus, seine erzieherischen und politischen Entwürfe seien nicht realisierbar und nicht im Hinblick auf ihre Realisierung erdacht worden. Was nun, fragen nach über 200 Jahren die nach Gegenwartsrelevanz und praktischen Anwendungen Ausschau haltenden Leser. Warum sollen wir diesen Autor noch lesen, der sich selbst um Nützlichkeit ausdrücklich nicht scherte?
Die Rezeption Rousseaus im 19. und 20. Jahrhundert liefert einen Teil der Antwort, denn sie zeugt von der Fruchtbarkeit seines Denkens für die Nachwelt. Diese Rezeption ist komplex, und ihre Geschichte zu schreiben wäre ein Unterfangen für sich. Kaum ein Schriftsteller hat Anlass zu so unterschiedlichen, oft widersprüchlichen Lektüren gegeben. So reich ist dieses Werk – durch die Vielzahl der von ihm behandelten Themen und verwendeten Gattungen –, dass sehr unterschiedliche Leser zu unterschiedlichen Zeiten ihr Glück bei Rousseau finden konnten. Oft konzentriert sich das Interesse der Nachwelt auf einen einzelnen Aspekt des Werkes. Die Bandbreite dieses Interesses kann hier nur äußerst knapp skizziert werden.[60]
In Deutschland wurde die Rousseau-Rezeption von Immanuel Kant und Johann Gottlieb Fichte eingeleitet. Beide bewunderten seinen politischen Radikalismus, auch wenn Kant seinen Pessimismus nicht teilte und eine Überwindung der von Rousseau kritisierten Kultiviertheit für möglich hielt. Fichte schätzte Rousseau als Apostel der Freiheit und der Egalität, der den Sturz des Ancien Régime vorbereitet hatte.

Zweifellos war Rousseau eine wichtige Referenz für die radikalen Strömungen der Französischen Revolution: für die Jakobiner, die sich als Vollstrecker des Allgemeinwillens gegen die Feinde der Revolution verstanden, und für die Mitglieder der *conjuration des égaux* (Verschwörung der Gleichen) um Gracchus Babeuf, die eine radikale Gleichheit anstrebten.
Schon während der Revolution und später im 19. Jahrhundert beruft sich aber auch eine andere politische Strömung, der bürgerliche Liberalismus, auf Rousseau. Wichtig ist den Liberalen der Schutz der bürgerlichen Freiheit und des Eigentums. In diesem Sinne erhebt die III. Republik (1870–1940) Rousseau – zusammen mit seinem ewigen Feind Voltaire – zum republikanischen Heiligen.[61]
Moderne Rechtsstaatlichkeit kann auf den rousseauschen Begriff der Volkssouveränität nicht verzichten.
Reformpädagogen, insbesondere im deutschen Sprachraum (Pestalozzi, Fröbel), haben Rousseau reflektiert, angewandt und adaptiert. Rousseau kann als Ahnherr einer lebensnahen, ganzheitlichen und antiautoritären Pädagogik betrachtet werden.[62] Er hat nicht nur andere Erziehungsmodelle vorgeschlagen, er hat den Blick auf die Kindheit revolutioniert. Auch wenn die Referenz nicht explizit ist, lebt der Geist von Rousseau mit unterschiedlichen Akzenten in der Waldorf-Pädagogik, bei Célestin Freinet nach dem Ersten Weltkrieg in Frankreich, später bei Bertrand Russell in Telegraph House und A. S. Neill in Summerhill weiter, um nur einige Namen zu nennen. Andererseits hat unmittelbar nach Erscheinen des *Emile* Samuel Formey, Sekretär der Berliner Akademie der Wissenschaften, auf den manipulativen Charakter des Lehrers hingewiesen[63] und somit die lange, kritische Befragung des rousseauschen Erziehungsmodells initiiert.[64]
Mit der *Neuen Héloïse* und mit seinen autobiografischen Schriften, insbesondere mit den *Träumereien*, hat Rousseau eine neue Empfindsamkeit und ein neues Subjektivitätsverständnis eingeleitet. Seine »lyrische Grundkraft« (Cassirer)

öffnet den Weg für den Sturm und Drang und die Romantik.[65] Der *Werther* ist ohne die *Neue Héloïse* nicht denkbar. Frauenscharen haben bei der Lektüre der *Nouvelle Heloise* geweint. In Rousseau haben die Romantiker die erste und gleich meisterhafte Formulierung eines neuen Naturgefühls gefunden. Franz Schubert beispielsweise soll von den *Träumereien eines einsamen Spaziergängers* tief bewegt gewesen sein.

Zwar hat das 18. Jahrhundert das Gefühl schon vor Rousseau entdeckt, aber sein Eindringen in die Tiefen der Psyche, die Aufwertung des Gefühls gegenüber der Vernunft sowie dessen literarische Darstellung sind neuartig.

Claude Lévi-Strauss hat die Bedeutung Rousseaus für die moderne Anthropologie anerkannt: Sein Begriff der menschlichen Natur macht die Vorstellung einer Einheit der menschlichen Gattung möglich. Als Erster formuliert Rousseau das Projekt einer »Wissenschaft vom Menschen«. Ihm verdankt man auch, so Lévi-Strauss, die später in der modernen Ethnologie ausführlich theoretisierte Idee der »richtigen« Beobachtungsdistanz zum Gegenstand.

Schließlich interessiert die Nachwelt immer wieder Rousseaus Sonderposition unter den Aufklärern. Als Verbündeten einer kritischen Reflexion über die Grenzen eines naiven Fortschritts- und Emanzipationsglaubens könnte man ihn reklamieren.

Dennoch bleiben unangenehme Fragen.

Manche Einstellungen oder Vorlieben Rousseaus wirken heute endgültig überholt: Seine hartnäckige Verachtung des Geldes, des Handels und der wirtschaftlichen Realitäten wären in unseren Gesellschaften selbstmörderisch. In Zeiten der Globalisierung ist seine Vorliebe für einfache und autarke Gesellschaften wenig brauchbar, wenn nicht schlicht reaktionär. Beängstigend erscheint uns im Lichte unserer jüngeren historischen Erfahrung auch jener Allgemeinwille, der im Prinzip zwar rational begründet ist, zugleich aber von allen eine emotionale und bedingungslose Identifikation verlangt. Unmittelbar nach der Französischen Revolution warfen manche Kommentatoren die Frage auf, ob Rousseaus Ideen nicht vielleicht auch Verantwortung für den jakobinischen Terror tragen.[66] Nach dem Zweiten Weltkrieg und im Kontext des Kalten Krieges haben Rousseau-Exegeten die Frage nach totalitären Ansätzen in seinem Denken aufgeworfen.[67]

Aus Rousseau einen Vorläufer des Totalitarismus zu machen, ist insofern schwierig, als der Totalitarismus nicht nur eine Ideologie, sondern auch ein soziales und politisches System ist, das an spezifische historische Bedingungen geknüpft ist: an die Entwicklung eines modernen Staates und einer nationalen Kultur, an die technische Möglichkeit der Massenkultur. Diese Bedingungen waren zur Zeit Rousseaus nicht einmal vorstellbar. Er konnte nicht etwas vorbereiten, von dessen Möglichkeiten er nichts ahnte. Einen nennenswerten Einfluss auf totalitäre Ideologien hat Rousseau nicht gehabt.[68]

Doch muss unser Unbehagen bei der Lektüre benannt werden. Gewisse Aussagen, Enthusiasmen oder Abneigungen Rousseaus können im Lichte unserer historischen Erfahrung, zu denen auch der Totalitarismus gehört, nicht harmlos hingenommen werden. Wir sind es, die das patriotische Loblied, die Beschimpfung der Intelligenz sowie die Exaltierung primitiver Qualitäten nicht als rhetorisch-provokante Zuspitzung lesen wollen, sondern zu einem Syndrom zusammentragen. Jan Marejko analysiert Rousseaus Denken als eine – intellektuelle wie auch psychische – Antizipation von Erfahrungen, die wir mit Phänomen und Begriff des Totalitarismus verbinden.[69]

Und doch: Seine Nostalgie für eine heile, geschützte Natur, so provinziell und reaktionär sie auch ist, nimmt eine wichtige Komponente unserer heutigen Erfahrungen und Ängste vorweg.

Und auch wenn die von Rousseau erträumte direkte Demokratie in den zeitgenössischen Gesellschaften nicht realisierbar ist, durchleben unsere demokratischen Regierungen eine Legitimationskrise, die zu der Frage führt, wie der Gesellschaftsverbund zu erzeugen ist, wie zwischen emotionalem Zugehörigkeitsgefühl und rationaler Partizipation vermittelt werden kann.

Zweifellos weisen Rousseaus Lösungen oder Modelle – das politische, das erzieherische, das existenzielle – Brüche, Widersprüche, Abstrusitäten und blinde Flecken auf. Die Fragen, sowohl die, die sie explizit stellen, wie auch die, die sich aus der Lektüre ergeben, sind aber Fragen, an denen wir immer noch laborieren. Rousseau ist für seine Zeitgenossen ein Störenfried gewesen. So ist für uns heute noch die – kritische – Lektüre seines Werkes eine Gelegenheit, an den Schwierigkeiten und unausgeschöpften Möglichkeiten unseres Lebens und unserer Gesellschaft zu arbeiten.

Anmerkungen

1 Brief an Philibert Cramer vom 13. 10. 1764. (Brief 3564, in: *Correspondence*, Bd. 21, S. 248).

2 Dies tut beispielhaft Jean Starobinski in seiner Schrift *Eine Welt von Widerständen* (1988).

3 In den *Persischen Briefen* (1721) oder im *Geist der Gesetze* (1748) lobt Montesquieu die Genügsamkeit und den bescheidenen Lebensstil der alten Römer mit sehr ähnlichen Worten.

4 Auf diese Reaktionen hat Rousseau ausführlich geantwortet. Vgl. *KPS*, 1 83–181.

5 Für eine kritische Erarbeitung möglicher Schnittstellen zwischen Rousseau und einer »grünen« Philosophie vgl. Wöstry, Nikolaus: *Die Beziehungen zwischen Rousseaus politischer Philosophie und den Gesellschaftsvorstellungen der Grünen*, Wien 1993.

6 Dies tut zum Beispiel Victor Klemperer in dem Band seiner *Geschichte der französischen Literatur im 18. Jahrhundert* (Bd. 2: »Das Jahrhundert Rousseaus«, 1966), der Rousseau gewidmet ist. Klemperer, der diese *Geschichte* während des Nationalsozialismus geschrieben hat, etabliert zahlreiche Parallelen zwischen Motiven und Formulierungen der Nazi-Ideologie und Rousseaus Philosophie.

7 René-Antoine Ferchault de Réaumur (1683–1757), Naturalist und Erfinder der Réaumur-Temperaturskala.

8 Das Korpus der Musikschriften Rousseaus umfasst weitere Pamphlete und Gelegenheitsschriften, die während des Buffonisten-Streits entstanden, die für die *Enzyklopädie* geschriebenen Artikel, ein *Examen de deux principes avancés par M. de Rameau* (1755), das auf die *Erreurs sur la musique dans l'Encyclopédie* von Rameau (1755) antwortet, den *Essay über den Ursprung der Sprachen* (zu Lebzeiten unveröffentlicht), das *Wörterbuch der Musik* (1767), das die *Enzyklopädie*-Artikel erweitert und ergänzt, und einige Texte aus den 1770er Jahren über Christoph Willibald Ritter von Gluck. Die Musikschriften befinden sich im Band 5 der Pléiade-Edition. Für eine deutsche Übersetzung vgl. Rousseau, *Musik und Sprache. Ausgewählte Schriften*, hg. von Peter Gülke, Leipzig 1989.

9 Im Namen der Wahrscheinlichkeit kritisiert Rousseau zum Beispiel das Prinzip der Operduette: In einem Gespräch reden nicht beide Partner gleichzeitig. Also soll man Duette durch Arien, die sich abwechseln, oder durch gesungene Konversation ersetzen.

10 Wie schon die Titel seiner Traktate zeigen: etwa *Traité de l'harmonie réduite à ses principes naturels* (1722) oder *Observations sur notre instinct pour la musique* (1754).

11 Catherine Kintzler weist im Vorwort zu Rousseaus *Écrits sur la musique* auf den Cartesianismus von Rameau und auf diese Verwandlung des Naturbegriffes hin.

12 Vgl. die *Bemerkungen von Jean-Jacques Rousseau aus Genf zur Antwort auf seine Abhandlung* in den *KPS*, Bd. 1, S. 87–111.

13 Kognitiv ist bei Rousseau die Rolle der Sinne eher neutral und sogar positiv. Rousseau unterscheidet sich in dieser Beziehung von der ganzen philosophischen Tradition, die die Sinne als böse verurteilt.

14 An dieser Stelle erscheint die Frage nach der natürlichen Güte etwas ambivalent. Zwar stellt Rousseau die Amoralität des Naturmenschen (der hauptsächlich aus Instinkt handelt) der Immoralität des Zivilmenschen (der weiß, dass das, was er tut, böse ist) entgegen. Jedoch schreibt er dem Naturmenschen eine gewisse moralische Überlegenheit zu, weil seine Fähigkeit, Mitleid zu empfinden, nicht durch die Ausübung der Vernunft verdorben ist.

15 In späteren Werken wie der *Abhandlung über die politische Ökonomie*, dem *Gesellschaftsvertrag* oder dem *Emile* definiert Rousseau »Eigentum« anders beziehungsweise bewertet es anders.

16 Dies stellt einen weiteren Unterschied zu Hobbes dar. Bei Hobbes erlaubt es auch ein Vertrag, die Urgewalt einzudämmen. Für Hobbes aber gibt es davor nichts als die Gewalt aller gegen alle, die bei ihm den Naturzustand kennzeichnet. Bei Rousseau ist der Naturzustand zwar nicht zart, er ist aber nicht so gewalttätig, wie die Verhältnisse, die sich unmittelbar nach der Etablierung des Eigentums durchsetzen.

17 Das Wort »Gleichheit« muss in Bezug auf den Naturzustand mit Vorsicht gedeutet werden. Es handelt sich nicht um eine physische Gleichheit. Rousseau räumt durchaus ein, dass die Menschen unterschiedlich und ungleich sind. Doch gibt es keine institutionalisierten Hierarchien; die Naturmenschen sind vom Status her gleich.

18 Vgl. zum Beispiel die *Abhandlung über die politische Ökonomie,* in der Rousseau Gesellschaftlichkeit aus den Bedürfnissen der Menschen, die sich gegenseitig helfen, ableitet.

19 Wie schon im *Zweiten Diskurs* mit der Unterscheidung zwischen der väterlichen und der politischen Autorität unterscheidet Rousseau ganz klar zwischen der privaten und der öffentlichen, politischen Sphäre. Ähnlich wie im *Zweiten Diskurs* darf die Autorität innerhalb der Familie nicht mit der Autorität in der Gesellschaft verwechselt werden. Die Verwaltung der Familie oder der häuslichen Sphäre darf nicht als Modell der Verwaltung des gemeinsamen öffentlichen Lebens dienen.

20 Jean Bodins politische Theorie ist eine absolutistische: Der Souverän leitet den Staat; er handelt zwar im Sinne des Allgemeinwohls, ist aber in seinen Entscheidungen frei von dem Einfluss der Stände oder des Volkes.

21 Die Notwendigkeit eines öffentlichen (staatlichen) Erziehungswesens wird im *Entwurf einer Verfassung für Korsika* (1765) und in den *Betrachtungen über die Regierung von Polen* (1772) weiter verfolgt. Zum Gegensatz zwischen dem Wunsch nach einem öffentlichen Erziehungswesen und dem Projekt einer privaten und häuslichen Erziehung im *Emile,* vgl. das Kapitel 6 »Das erzieherische Modell: *Emile oder Über die Erziehung*«.

22 Nachdem Rousseau den Artikel »Politische Ökonomie« für die *Enzyklopädie* geschrieben hatte, wollte er einen großen politischen Traktat schreiben, den er *Politische Institutionen* genannt hätte. Der *Gesellschaftsvertrag* ist ein ausgearbeiteter Teil dieses umfangreichen Projekts, das nie vollendet wurde.

23 Beim *Gesellschaftsvertrag* werden zusätzlich zur Seite in der Referenzausgabe Buch und Kapitel angegeben.

24 Rousseau spricht von *»aliénation«*, das ein starkes, juristisches Wort ist. Es bedeutet Entfremdung oder Zwangsübergabe an Fremde.

25 An dieser Stelle sei erneut auf die unterschiedlichen Wertungen des Natur- und Gesellschaftszustandes im *Zweiten Diskurs* und in der *Abhandlung über die politische Ökonomie* auf der einen Seite und in dem *Gesellschaftsvertrag* auf der anderen Seite hingewiesen.

26 Hier bedeutet »Republik« sehr allgemein eine politisch organisierte Gesellschaft.

27 Rousseau verwendet den Terminus »Republik« also mit unterschiedlichen Bedeutungen. An späterer Stelle (GV, III, 7) benutzt er ihn, um das Gegenteil einer monarchischen Regierung zu bezeichnen.

28 Vgl. Derathé, Robert: *Jean-Jacques Rousseau et la science politique de son temps*, 2. Aufl., Paris 1992.

29 Ich übernehme diese Formulierung von: Marejko, Jan: *Jean-Jacques Rousseau et la dérive totalitaire*, Lausanne 1984. Für Exegeten, die diesen Aspekt in Rousseaus Denken hervorgehoben haben, vgl. auch Victor Klemperer und Bronislaw Baczko.

30 Der *Gesellschaftsvertrag* erscheint im April, *Emile* im Juni 1762. Die Schriften sind Zwillingswerke: zwei umfangreiche Bücher, die als solche konzipiert wurden und über die Jahre in der Einsamkeit von Montmorency ausgereift sind, anders als alle bisherigen Werke Rousseaus, die Gelegenheitsschriften waren.

31 Rousseau verfolgt dabei nicht die Absicht, die Gesellschaft zu verändern, wie das in späteren reformatorischen pädagogischen Ansätzen der Fall ist. Der Zweck dieser Erziehung ist rein privat. Es geht um Emiles Glück.

32 Als Hauslehrer in der Famille de Mably in den Jahren 1740/41 hat Rousseau wenig Erfolg gehabt. In dieser Zeit schrieb er seinen *Plan für die Erziehung des Herrn de Sainte-Marie*, in dem erste Gedanken zur Pädagogik formuliert werden.

33 Zu *Emiles* Bedeutung für die späteren Entwicklungen der Pädagogik vgl. unter anderem die im Literaturverzeichnis aufgeführten Schriften von Otto Hansmann und Hartmut von Hentig.

34 Der Erziehungstraktat ist im 18. Jahrhundert eine gern gepflegte Gattung: Locke und später Kant, um nur zwei Beispiele zu nennen, haben Erziehungstraktate geschrieben.

35 Die Begegnung mit dem savoyischen Vikar ist autobiografisch.

36 Es ist aber nicht unwichtig, dass Rousseau eine Fortsetzung des *Emile* plante, die er nie zu Ende schrieb, *Emile und Sophie oder die Einsamen*. Nach einiger Zeit des Glücks ziehen Emile und Sophie nach Paris. Dort ist Emile sehr beschäftigt und vernachlässigt seine Frau. Sie verkehrt in der Gesellschaft und lässt sich irgendwann verführen. Emile, der durchaus seine Verantwortung für Sophies Verhalten sieht, fühlt sich in seiner Ehre gekränkt und verlässt sie. Von nun an ist sein Leben eine Abfolge von Schick-

salsschlägen, denen er aber immer mit Mut begegnet. In einer gewissen Hinsicht braucht er diese Herausforderungen, um die intellektuellen und charakterlichen Qualitäten, die er Jean-Jacques' Erziehung verdankt, zur Geltung zu bringen.

37 Darauf haben etwa Josue Harari, Joan DeJean und im deutschen Sprachraum Katharina Rutschky hingewiesen.

38 Diesen Punkt habe ich als das Paradoxon der negativen, nicht-intervenierenden, antiautoritären Erziehung analysiert. Vgl. Durand, Béatrice: *Le Paradoxe du bon maître. Essai sur l'autorité dans la fiction pédagogique des Lumières*, Paris 1999.

39 Vgl. Anm. 36.

40 Konkretere Anliegen, wie zum Beispiel die Erziehung der Kinder, werden auch angesprochen. Saint-Preux wird mit der Erziehung der Hauskinder (Julies und Claires) betraut, was Anlass für pädagogische Überlegungen bietet, die sich zum Teil wörtlich im *Emile* wiederfinden.

41 Es wird für die *Neue Héloïse* nur auf den Teil (römische Zahl) und den Brief (arabische Zahl) verwiesen.

42 Vgl. Starobinski, Jean: *Eine Welt von Widerständen*, München 1988.

43 Für die Physiokraten ist die Landwirtschaft – und nicht die handwerkliche oder industrielle Produktion – die Hauptquelle des Reichtums eines Volkes. Deshalb sollen die Bauern gefördert und vor allem nicht mit Steuerpflichten belastet werden. Dem Handel von Produkten aus der Landwirtschaft sollen vom Staat keine Hindernisse (Zollrechte, protektionistische Maßnahmen, Exklusivität der Märkte etc.) gesetzt werden.

44 Rousseaus Unbehagen gegenüber Geld zeigt sich auch am Ende der *Abhandlung über die politische Ökonomie*, als er über den Beitrag der Bürger zum Gemeinwesen reflektiert: Er lehnt Steuern in Form von Geld nicht grundsätzlich ab; zieht ihnen aber aus moralischen Gründen die direkte Arbeit vor. Die für die Gemeinschaft zu entrichtende Arbeit fördert die Bürgertugend.

45 Der *Essay über den Ursprung der Sprachen* war ursprünglich eine Ausführung innerhalb der *Abhandlung über den Ursprung und die Grundlagen der Ungleichheit unter den Menschen*. Rousseau hat sie herausgenommen und zwischen 1754 und 1761 zu einem eigenständigen Text weiter bearbeitet. Die Jahre 1754–1761 sind die seiner fortwährenden Polemik gegen Rameau. Rousseau

hat im *Essay* die Sprachthematik mit der Musikpolemik verwoben.

46 Er stützt sich insbesondere auf Condillacs *Essay über den Ursprung der menschlichen Erkenntnisse* (1746), kritisiert ihn aber in bestimmten Punkten. Für eine ausführliche Darstellung der Sprachphilosophie Rousseaus vgl. Wilhelm, Raymund: *Die Sprache der Affekte. Jean-Jacques Rousseau und das Sprachdenken des siècle des Lumières*, Tübingen 2001.

47 Dies war schon die Position von Condillac. Es ist auch die Herders in der *Abhandlung über den Ursprung der Sprache* (1772). Johann Gottfried Herder bezieht sich explizit auf Rousseau und kritisiert ihn in diesem Punkt.

48 Dies gilt bei Rousseau zumindest in den Südländern. In den Nordländern hingegen soll die Not oder das Bedürfnis eine wichtigere Rolle gespielt haben, was Rousseau mit der Formel zusammenfasst, die erste Aussage sei in den Südländern »aimez-moi« (liebt mich), in den Nordländern »aidez-moi« (helft mir) gewesen. (Vgl. EUS, 136)

49 Auch hier werden die Widersprüche oder die Parteilichkeit Rousseaus sichtbar: Die Eloquenz lässt er in den antiken Gesellschaften als emotionale Identifikation mit dem Gemeinwesen gelten; in den modernen Gesellschaften denunziert er sie als Künstlichkeit.

50 Alle erwähnten Werke sind entweder Antworten oder erbetene Schriften: Die *Briefe vom Berge* antworten auf die *Briefe vom Lande* des Genfers Jean-Robert Tronchin, der die Verurteilung des *Gesellschaftsvertrags* und des *Emiles* durch die Genfer Behörden rechtfertigte. Die *Betrachtungen über die Regierung von Polen* sind im Auftrag des polnischen Königs Stanislaus verfasst worden. Das *Wörterbuch der Musik* besteht aus für die *Enzyklopädie* geschriebenen Musikartikeln, die zum Teil ergänzt wurden.

51 Malesherbes, der Adressat dieser Briefe, war »directeur de la Librairie«, das heißt der oberste Zensor Frankreichs und als solcher ein sehr mächtiger Mann. Er war den Enzyklopädisten im Allgemeinen und Rousseau insbesondere sehr wohlgesinnt. Er protegierte sie gegen ihre Gegner, unter anderem die Jesuiten, konnte oder wollte aber im Jahr 1762 die Zensur des *Emile* nicht verhindern.

52 Der Verleger Marc-Michel Rey wollte einen von Rousseau selbst geschriebenen Lebensbericht, um ihn der geplanten Gesamtausgabe der Werke voranzustellen. Rousseau kam der wiederholten Aufforderung zunächst nicht nach. Nach der doppelten Verurteilung des *Emile* in Paris und Genf, nach der anonymen Publikation von Voltaires Pamphlet *Das Gefühl der Bürger*, in dem Voltaire die Weggabe der Kinder publik machte, wollte sich Rousseau jedoch vor Gott und den Zeitgenossen rechtfertigen und fing an, Material für die *Bekenntnisse* zu sammeln.

53 Vgl. Lejeune, Philippe: *Der autobiografische Pakt*, Frankfurt am Main 1994.

54 Rousseau begann 1772, an diesen *Dialogen* zu arbeiten, sobald er mit den Bekenntnissen fertig war. 1776 versuchte er, das fertige Manuskript auf dem Altar von Notre-Dame zu deponieren, fand aber das Gitter zum Chor geschlossen und fühlte sich von Gott verlassen. Im selben Jahr verfasste er ein Rechtfertigungsschreiben *An jeden die Freiheit noch liebenden Franzosen*, das er als Flugblatt auf der Straße verteilte.

55 Vgl. Starobinski, Jean: *Eine Welt von Widerständen*, a. a. O.

56 Rousseau gesteht, dabei erregt gewesen zu sein und ähnliche Bestrafungen gesucht zu haben.

57 Rousseau wird zu Unrecht angeklagt, einen Kamm zerbrochen zu haben, und empört sich innerlich gegen die Ungerechtigkeit.

58 Rousseau hatte ein schönes Band gestohlen und ließ ein Dienstmädchen des Diebstahls anklagen.

59 Starobinski hat auf die Zirkularität der Rechtfertigung hingewiesen. Vgl. Starobinski, Jean: *Eine Welt von Widerständen*, a. a. O.

60 Das im Internet zu findende *Dictionnaire de la réception de Rousseau* erlaubt es, sich ein Bild von dieser Vielfalt und sogar Widersprüchlichkeit zu machen. Vgl. http://rousseaustudies.free.fr/dictionnairereception.htm.

61 Vgl. Goulemot, Jean-Marie / Walter, Eric: Les Centenaires de Voltaire et de Rousseau, in: Nora, Pierre (Hg.): *Les Lieux de Mémoire*, Bd. 1, Paris 1984, S. 381–420.

62 Vgl. Hansmann, Otto (Hg.): *Seminar: Der pädagogische Rousseau*, Weinheim 1993; ders.: *Jean-Jacques Rousseau*, Hohengren 2002.

63 Formey ist der Autor eines *Anti-Emile* (Berlin 1763). Seine interessantesten Kommentare sind aber handschriftliche Anmerkungen am Rande seines eigenen Exemplars des *Emile*.

64 Vgl. hierzu Rutschky, Katharina: *Schwarze Pädagogik*, a. a. O.; Harari, Josue: Therapeutic Pedagogy: Rousseaus Émile, in: *Modern Language Notes* (Mai 1982), S. 787–809; DeJean, Joan: *Literary Fortifications. Rousseau, Laclos, Sade*, Princeton 1984; Durand, Beatrice: *Le Paradoxe du bon maître*, a. a. O.

65 Zu Rousseaus Einfluss auf die europäische Romantik vgl. MacFarland, Thomas: *Rousseau and Romanticism*, Oxford 1995.

66 Dies tut zum Beispiel Benjamin Constant in *Des Effets de la Terreur* (Über die Effekte des Terrors) (1797).

67 Victor Klemperer hat seine (1954 beziehungsweise 1966 für den Rousseau-Band posthum veröffentlichte) *Geschichte der französischen Literatur im 18. Jahrhundert* im Dritten Reich geschrieben und stellt sehr explizite Bezüge zwischen Rousseau und der Naziideologie her. Bronislaw Baczko hat in *Rousseau. Einsamkeit und Gemeinschaft* (1970) seine Erfahrungen mit dem Kommunismus einbezogen. Vgl. auch die im Literaturverzeichnis aufgelisteten Werke von Chapman (1956), Crocker (1968), Levine (1993) und Marejko (1984).

68 Eine rechtsradikale, faschistische Rousseau-Rezeption ist jedoch in Frankreich anzutreffen. Sie ist bis jetzt wenig erforscht. Ideengeschichtlich bleibt sie wahrscheinlich marginal.

69 Vgl. Marejko, Jan: *Jean-Jacques Rousseau et la dérive totalitaire*, a. a. O.

Siglenverzeichnis

Die *Abhandlung über die Wissenschaften und die Künste* und die *Abhandlung über die politische Ökonomie* werden in der Ausgabe der *Kulturkritischen und politischen Schriften* (KPS) zitiert, herausgegeben von Martin Fontius, Rütten und Loening, Berlin 1989. *Julie oder die neue Héloïse* wird in der Winkler-Ausgabe (München 1988), die *Bekenntnisse* werden in der Artemis-und-Winkler-Ausgabe (München 1978), die *Dialoge* in der Ausgabe der *Schriften* (herausgegeben von Henning Ritter, Fischer, Frankfurt am Main 1988), die Musikschriften und der *Essay über den Ursprung der Sprachen* aus dem Band *Musik und Sprache* (herausgegeben von Peter Gülke, Reclam, Leipzig 1989) zitiert. Nach den Reclam-Ausgaben zitiert werden die *Abhandlung über den Ursprung und die Grundlagen der Ungleichheit unter den Menschen* (1998), *Emile oder Über die Erziehung* (2004), die *Träumereien eines einsamen Spaziergängers* (2003) sowie die Schrift *Vom Gesellschaftsvertrag oder Grundsätze des Staatsrechts* (2004).
Die römische Ziffer nach dem Titelkürzel bezieht sich auf das Buch oder den Teil. Beim *Gesellschaftsvertrag* gibt zusätzlich die arabische Ziffer das Kapitel an.

APÖ	*Abhandlung über die politische Ökonomie*
B	*Bekenntnisse*
D1:	*Abhandlung über die Wissenschaften und die Künste* (auch als *erster Diskurs* bezeichnet)
D2:	*Abhandlung über den Ursprung und die Grundlagen der Ungleichheit unter den Menschen* (auch als *zweiter Diskurs* bezeichnet)
Dial	*Dialoge*
E	*Emile oder Über die Erziehung*
EUS	*Essay über den Ursprung der Sprachen*
GV	*Vom Gesellschaftsvertrag oder Grundsätze des Staatsrechts*
NH	*Julie oder die neue Héloïse*
T	*Träumereien eines einsamen Spaziergängers*

Kommentierte Bibliografie

1. Rousseaus Werke

Œuvres complètes, hg. von Bernard Gagnebin u.a., 5 Bde., Paris 1959–1995 (Bibliothèque de la Pléiade).

Correspondance complète, 50 Bde., hg. von Ralph Leigh, Oxford 1991.

Werke in vier Bänden, München 1996.

Kulturkritische und politische Schriften, hg. von Martin Fontius, Berlin 1989 (enthält u.a. die beiden *Diskurse,* die *Abhandlung über die politische Ökonomie,* die *Schriften über den Abbé de Saint-Pierre,* den *Gesellschaftsvertrag,* die *Briefe vom Berge,* den *Entwurf einer Verfassung für Korsika* und die *Betrachtungen über die Regierung von Polen*).

Politische Schriften, 2 Bde., hg. von Ludwig Schmidts, Paderborn 1977 (enthält u.a. die *Abhandlung über die politische Ökonomie,* den *Gesellschaftsvertrag,* den *zweiten Diskurs,* den *Entwurf einer Verfassung für Korsika* und die *Betrachtungen über die Regierung von Polen*).

Schriften, 2 Bde., hg. von Henning Ritter, Frankfurt am Main 1988 (enthält u.a. die beiden *Diskurse,* die *Briefe vom Berge,* die *Dialoge* und die *Träumereien eines einsamen Spaziergängers*).

Julie oder die neue Héloïse. Briefe zweier Liebenden aus einer kleinen Stadt am Fuß der Alpen, München 1988.

Emile oder Über die Erziehung, Stuttgart 2004.

Die Bekenntnisse, München 1978.

Musik und Sprache. Ausgewählte Schriften, hg. von Peter Gülke, Leipzig 1989.

2. Sekundärliteratur

Baczko, Bronislaw: *Rousseau. Einsamkeit und Gemeinschaft,* Wien 1970. – Klassische Studie über Rousseaus Anthropologie und politische Philosophie, die unter anderem die Frage nach totalitären Ansätzen in seinem Denken aufwirft.

Brandt, Reinhard / Herb, Karlfriedrich (Hg.): *Vom Gesellschaftsvertrag oder Prinzipien des Staatsrechts,* Berlin 2000. – Die Artikel beleuchten die Grundbegriffe des Gesellschaftsvertrags (Gemeinwille, Gesetzgeber, Regierungsformen) und schaffen Bezüge zu Kant und zum modernen Völkerrecht.

Cassirer, Ernst: *Das Problem Jean-Jacques Rousseau,* Darmstadt 1970. – Klassische Darstellung der Philosophie Rousseaus, die die Einheit seines Denkens betont.

Coseriu, Eugenio: »Jean-Jacques Rousseau«, in: ders. *Die Geschichte der Sprachphilosophie von der Antike bis zur Gegenwart. Eine Übersicht,* Bd. 2: *Von Leibniz bis Rousseau,* Tübingen 2003. – Darstellung der Sprachphilosophie Rousseaus.

Crocker, Lester: *Rousseaus Social Contract,* Cleveland 1968. – Kritische (liberale) Analyse des *Gesellschaftsvertrags.*

DeJean, Joan: *Literary Fortifications. Rousseau, Laclos, Sade,* Princeton 1984. – Betont das Defensive und das Manipulative im Handeln des Lehrers im *Emile.*

Dent, Nicholas J. H.: *A Rousseau Dictionnary,* Cambridge (Mass.) 1992. – Nachschlagewerk in englischer Sprache. Berücksichtigt Interpretationen und Auseinandersetzungen.

Derathé, Robert: *Jean-Jacques Rousseau et la science politique de son temps,* 2. Aufl., Paris 1992. – Für das Verständnis der politischen Ideen Rousseaus und ihrer historischen Quellen (insbesondere der Theorien des natürlichen Rechts) unentbehrlich.

Derrida, Jacques: *Über Grammatologie,* Frankfurt am Main 1974. – Erarbeitung des »écriture«-Begriffs, die sich auf eine Kritik der Sprachauffassung Rousseaus stützt.

Didier, Béatrice: *La Musique des Lumières.* Diderot – L'Encyclopédie – Rousseau, Paris 1985. – Ausführliche Präsentation des Musikdenkens der französischen Philosophen, darunter auch Rousseaus.

Durand, Béatrice: *Le Paradoxe du bon maître. Essai sur l'autorité dans la fiction pédagogique des Lumières,* Paris 1999. – Erforscht die Paradoxien des modernen, antiautoritären Ansatzes u. a. im *Emile.*

Durand, Béatrice: »Imitation versus Autonomie. Zum Musikdenken der französischen Philosophen«, in: *Schweizer Jahrbuch für Mu-*

sikwissenschaft (2000) 20, S. 19–37. – Schildert unter anderem Rousseaus Rolle in der Musikpolemik der französischen Aufklärung.

Fridén, Bertil: *Rousseau's Economic philosophy. Beyond the Market of Innocents*, Dordrecht/Boston/London 1998. – Analysiert das wirtschaftliche Denken Rousseaus und dessen politische Bedeutung.

Geyer, Paul: *Die Entdeckung des modernen Subjekts. Anthropologie von Descartes bis Rousseau*, Tübingen 1997. – Betont die Originalität der Anthropologie Rousseaus im Vergleich zu klassischen Anthropologien.

Goldschmidt, Victor: *Anthropologie et politique. Les principes du système de Rousseau*, Paris 1974. – Systematische Darstellung des politischen Systems Rousseaus.

Goulemot, Jean-Marie / Walter, Éric: »Les centenaires de Voltaire et de Rousseau«, in: *Les Lieux de Mémoire*, Bd. 1: *La République*, hg. von Pierre Nora, Paris 1984, S. 381–420. – Untersucht die Verklärung Rousseaus zum republikanischen Heiligen um 1878.

Gülbahar, Tim: *Autonomie als Ideal. Jean-Jacques Rousseaus politische Theorie*, Marburg 2000. – Darstellung der politischen Ideen Rousseaus, die die theoretischen Werke (*Diskurse*, *Gesellschaftsvertrag*) mit den praktischen Umsetzungsversuchen (Korsika, Polen) vergleicht.

Gülke, Peter: »Rousseau und die Musik. Die Zuständigkeiten des Dilettanten«, in: Jean-Jacques Rousseau, *Musik und Sprache*, Leipzig 1989, S. 494–504. – Einführung in die Musikästhetik Rousseaus.

Hansmann, Otto (Hg.): *Seminar: Der pädagogische Rousseau*, Weinheim 1993. – Bd. 1 ist eine Anthologie der pädagogischen Texte Rousseaus (mit einer deutschen Übersetzung des *Plans für die Erziehung des Herrn de Sainte-Marie* sowie Auszügen aus den beiden *Diskursen*, der *Abhandlung über die politische Ökonomie*, der *Neuen Héloïse* und dem *Emile*. Bd. 2 untersucht unter anderem die Wirkungsgeschichte der pädagogischen Ideen Rousseaus, zum Beispiel die Wirkung auf die deutsche Reformpädagogik.

Hansmann, Otto: *Jean-Jacques Rousseau*, Hohengren 2002. – Hebt die Bedeutung Rousseaus für den reformpädagogischen Ansatz hervor.

Harari, Josue: »Therapeutic Pedagogy: Rousseaus Émile«, in: *Modern Languages Notes* (Mai 1982), S. 787–809. – Hebt das Manipulative am Handeln des Lehrers im *Emile* hervor.

Hentig, Hartmut von: *Rousseau und die wohlgeordnete Freiheit*, München 2003. – Ein zeitgenössischer Pädagoge bekennt sich zu Rousseau.

Hulliung, Mark: *The Autocritique of the Enlightenment. Rousseau and the Philosophes*, Cambridge (Mass.) 1994. – Analyse der Konflikte zwischen Rousseau und seinen Zeitgenossen, die Rousseaus Sonderstellung in der Aufklärung und seinen Beitrag zu einer Selbstkritik der Aufklärung verdeutlicht.

Jaumann, Herbert: *Rousseau in Deutschland. Neue Beiträge zur Erforschung seiner Rezeption*, Berlin / New York 1995. – Deutsche Rezeption Rousseaus im 19. Jahrhundert.

Kersting, Wolfgang: *Jean-Jacques Rousseaus »Gesellschaftsvertrag«*, Darmstadt 2002. – Nützliche Einführung, die die Problematik des Gesellschaftsvertrags gut darstellt.

Kelly, Christopher: *Rousseau's Exemplary Life. The Confession as Political Philosophy*, Ithaca 1987. – Untersucht den politischen Gehalt der *Bekenntnisse*.

Kintzler, Catherine: Vorwort in: dies. (Hg.): *Écrits sur la musique* von Rousseau, Paris 1979, S. IX–LIV. – Einführung in Rousseaus Musikästhetik in französischer Sprache.

Klaiber, Tilo: *Ce triste système. Anthropologischer Entwurf und poetische Suche in Rousseaus autobiografischen Schriften*, Tübingen 2004. – Kommentar zu den drei großen autobiografischen Schriften (*Bekenntnisse, Dialoge, Träumereien*), der den Bezug zu den anthropologischen Themen im übrigen Werk (natürliche Güte, negative Rolle der Gesellschaft) herstellt.

Klemperer, Victor: *Geschichte der französischen Literatur im 18. Jahrhundert*, Bd. 2: *Das Jahrhundert Rousseaus*, Halle 1966. – Kritische (antirousseauistische) Darstellung von Rousseaus Gesamtdenken, die ihre Kraft aus Klemperers biografischer Position (als Verfolgter im Nazi-Deutschland) bezieht.

L'Aminot, Tanguy / Vargas, Yves (Hg.): *Dictionnaire de la réception de Rousseau* (Wörterbuch der Rousseau-Rezeption), online, http://rousseaustudies.free.fr/Dictionnairereception.htm

Leduc-Fayette, Denise: *Jean-Jacques Rousseau et le mythe de l'Antiquité,* Paris 1974. – Untersucht die Quellen und die Bedeutung der Referenzen auf antike Geschichte.

Lefebvre, Philippe: *L'Esthétique de Rousseau,* Paris 1997. – Untersucht die verschiedenen Aspekte von Rousseaus Ästhetik in ihrem Verhältnis zu seiner politischen Philosophie.

Leigh, Roger (Hg.): *Rousseau after Two Hundred Years,* Cambridge 1982. – Sammelband, der das philosophische Erbe Rousseaus auswertet.

Lejeune, Philippe: *Der autobiografische Pakt,* Frankfurt am Main 1994. – Wichtiger Kommentar zu den *Bekenntnissen,* die zum Modell der modernen Autobiografie als Gattung erhoben werden. Erarbeitung des Begriffes »autobiografischer Pakt«.

Lévi-Strauss, Claude: *Strukturale Anthropologie,* Frankfurt am Main 1967. – Das zweite Kapitel macht deutlich, was die moderne Ethnologie und Anthropologie Rousseau schuldet.

Lévi-Strauss, Claude: *Traurige Tropen,* Frankfurt am Main 1979. – Enthält ein autobiografisches Statement über die Bedeutung Rousseaus für Levi-Strauss' Denken.

MacFarland, Thomas: *Rousseau and Romanticism,* Oxford 1995. – Beleuchtet Rousseaus Wirkung auf die europäische Romantik.

Marejko, Jan: *Jean-Jacques Rousseau et la dérive totalitaire,* Lausanne 1984. – Untersucht Rousseaus politische Philosophie im Licht der historischen Erfahrung des 20. Jahrhunderts.

Mensching, Günther: *Rousseau zur Einführung,* Hamburg 2000. – Die Einführung konzentriert sich auf die politische Philosophie Rousseaus.

Piatti, Barbara: *Rousseaus Garten. Eine kleine Kulturgeschichte der St. Petersinsel,* Basel 2002. – Reich bebilderte Studie, die einen überzeugenden Schlüssel zum Verständnis des Rousseauismus liefert.

Rang, Martin: *Rousseaus Lehre vom Menschen,* Göttingen 1957. – Klassische Studie zur Anthropologie Rousseaus in deutscher Sprache.

Raymond, Marcel: *Jean-Jacques Rousseau, la quête de soi et la rêverie,* Paris 1962. – Klassische Studie in französischer Sprache, die

die Besprechung der Selbstfindung mit der Frage nach der Einheit von Rousseaus Denken und Werk kombiniert.

Rutschky, Katharina, *Schwarze Pädagogik*, Berlin 1977. - Anthologie pädagogischer Klassiker, die darauf zielt, Gewalt und Manipulation in der erzieherischen Tradition aufzudecken. Rousseau ist in der Anthologie vertreten.

Starobinski, Jean: *Eine Welt von Widerständen*, München 1988. - Eine der epochemachenden Interpretationen des Gesamtdenkens Rousseaus, die eine Deutung des psychischen Falls »Rousseau« mit einer Darstellung seiner Philosophie kombiniert.

Strauss, Leo: *Natural Right and History*, Chicago 1953. - Behandelt Rousseau und die Tradition des Naturrechts.

Sturma, Dieter: *Jean-Jacques Rousseau*, München 2001. - Thematisch gegliederte Einführung, die Rousseaus Denken einer philosophischen Systematik unterzieht.

Todorov, Tsvetan: *Frêle bonheur. Essai sur Rousseau*, Paris 1987. - Knappe und systematische Einführung in französischer Sprache.

Trousson, Raymond (Hg.), *Dictionnaire de Rousseau*, Paris 1996. - Nachschlagewerk mit Einträgen zu Werken, Themen, Begriffen, Zeitgenossen sowie wichtigen Inspirationsquellen.

Wilhelm, Raymund: *Die Sprache der Affekte. Jean-Jacques Rousseau und das Sprachdenken des siècle des Lumières*, Tübingen 2001. - Darstellung des Sprachdenkens Rousseaus in seinen Bezügen zu der Sprachphilosophie der Aufklärung.

Wöstry, Nikolaus: *Die Beziehungen zwischen Rousseaus politischer Philosophie und den Gesellschaftsvorstellungen der Grünen*, Wien 1993. - Der Band erarbeitet mögliche Überschneidungen zwischen rousseauistischem Gedankengut und grüner Ideologie.

3. Rousseau-Zeitschriften und Institutionen

Annales de la Société Jean-Jacques Rousseau, Genf, 1905 ff. - Eine der beiden Rousseau gewidmeten Zeitschriften. Von der *Société Jean-Jacques Rousseau* in Genf herausgegeben.
Homepage: www.jjrousseau.org

Études Jean-Jacques Rousseau, Montmorency, hg. von Tanguy L'Aminot, 1987 ff. – Die zweite der Rousseau gewidmeten Zeitschriften. Von der *Équipe Rousseau* des französischen CNRS (Centre National de la Recherche Scientifique) herausgegeben.
Homepage: http://rousseaustudies.free.fr
Die Homepage umfasst das *Dictionnaire de la réception de Rousseau* (Wörterbuch der Rousseau-Rezeption):
http://rousseaustudies.free.fr/Dictionnairereception.htm

Musée Jean-Jacques Rousseau in Montmorency. Im Internet unter: www.ville-montmorency.fr/musee/musee.htm. Das *Musée Jean-Jacques Rousseau* verlegt unter anderem die Zeitschrift *Études Jean-Jacques Rousseau.* Es beherbergt eine *Bibliothèque d'Études Rousseauistes.*

Schlüsselbegriffe

Allgemeinwille (*volonté générale*) Wille des Souveräns (oder des politischen Körpers), der das allgemeine Wohl anstrebt. Der partikulare Wille muss sich dem Allgemeinwillen unterordnen.

Eigenliebe (*amour propre*) Eitelkeit, Selbstbezogenheit, die im gesellschaftlichen Zustand die Menschen dazu führt, sich ständig mit anderen zu vergleichen. Der Selbstliebe entgegengestellt.

Eigentum Der Begriff des Eigentums ist in Rousseaus Denken komplex, weil seine Wertigkeit sich im Laufe der Texte ändert oder weil er präzisiert wird. Der Naturzustand kennt kein Eigentum. In der *Abhandlung über die Ungleichheit* markiert die Einführung des Eigentums den Übergang zum gesellschaftlichen Zustand. Sie wird als eine historische Katastrophe dargestellt. Im Kulturprozess ist Eigentum das erste positive Recht, das institutionalisiert wird. Eigentum geht ursprünglich aus der ersten kontinuierlichen Besetzung des Landes durch Arbeit hervor. Später löst sich das Eigentumsrecht von seiner ursprünglichen Legitimation in der Arbeit. Hauptzweck der positiven Gesetze im gesellschaftlichen Zustand ist der Schutz des Eigentums. In der *Abhandlung über die politische Ökonomie* wie später im *Gesellschaftsvertrag* hingegen bildet das Eigentum die Grundlage des Gesellschaftsvertrages. Der Staat hat dabei das Eigentum der einzelnen Bürger zu schützen.

Gesellschaftsvertrag (auch Gesellschaftspakt, Assoziationspakt) Hier geht es nicht um einen historischen oder realen Vertrag, sondern um eine fiktive, spekulative Norm. Der Gesellschaftsvertrag bezeichnet die ursprüngliche Übereinkunft, die ein Volk dazu bringt, sich politisch zu organisieren. Allein diese ursprüngliche Übereinkunft verschafft politischen Verhältnissen eine Legitimität. Aus einem gerechten ursprünglichen Vertrag ergibt sich die optimale (gerechte) Regelung der Beziehungen zwischen den Bürgern. Der Gesellschaftsvertrag löst folgende Aufgabe: »Finde eine Form des Zusammenschlusses, die mit ihrer ganzen gemeinsamen Kraft die

Person und das Vermögen jedes einzelnen Mitglieds verteidigt und schützt und durch die doch jeder, indem er sich mit allen vereinigt, nur sich selbst gehorcht und genauso frei bleibt wie zuvor« (GV, I, 6, 17). Die Lösung fasst Rousseau in einer knappen Formel: »Gemeinsam stellen wir alle, jeder von uns seine Person und seine ganze Kraft unter die oberste Richtschnur des Gemeinwillens; und wir nehmen, als Körper, jedes Glied als untrennbaren Teil des Ganzen auf« (GV, I, 6, 18).

Gesellschaftszustand (*état social* oder *état civil*) Zustand der in organisierten Gesellschaften lebenden Menschen. Dem Naturzustand entgegengestellt.

Mitleid (*pitié*) Fähigkeit, sich mit dem Leiden anderer zu identifizieren, Einfühlungsvermögen. Laut der *Abhandlung über die Ungleichheit* ist das Mitleid zusammen mit der Selbstliebe ein natürlicher Instinkt. Da sich aus dem Mitleid alle Formen der Bindungsfähigkeit und die Gegenseitigkeitsgefühle ergeben, ist es die natürliche Quelle allen ethischen Verhaltens.

Natur (erscheint als Nomen, aber auch als erstes Element eines Kompositums) Die Natur ist alles, was im Menschen durch das Leben in Gesellschaft unverändert bleibt. Die *Natur des Menschen* besteht aus den unabhängig von der Sozialisation vorhandenen Eigenschaften der Menschen. Daher sind diese Eigenschaften allen Menschen gemeinsam, gleichgültig aus welcher Epoche oder welchem Kulturkreis. Der *Naturzustand* des Menschen ist der Zustand, in dem er sich befinden würde, wenn er nicht sozialisiert worden wäre. Dem Naturzustand wird der gesellschaftliche Zustand entgegengestellt. Manchmal personifiziert Rousseau die Natur (im Französischen: *la Nature* mit Großbuchstabe) und versieht sie mit einem eigenen Willen: »Die Natur will …« Die Natur der Dinge ist das Wesen der Dinge.

Natürliche Güte Alle Werke von Rousseau gehen von der natürlichen Güte des Menschen aus. Das Leben im gesellschaftlichen Zustand und der Kulturprozess sind für das Böse im Menschen allein verantwortlich.

Negative Erziehung Erzieherische Haltung, der zufolge nicht in die Erfahrungswelt des Kindes eingegriffen werden soll und die Lehre, die aus diesen Erfahrungen zu ziehen ist, nicht vorweggenommen werden soll. Dieser Begriff wird im *Emile* geprägt. Die negative Erziehung besteht darin, den Einfluss des dritten unserer drei Lehrer (Natur, Dinge und Menschen), also den Einfluss der Menschen in der Erziehung, auszuschalten.

Perfektibilität In der *Abhandlung über die Ungleichheit* die Fähigkeit, sich zu vervollkommnen. Die Perfektibilität ist - zusammen mit dem Willen - allen Menschen gemeinsam und im Menschen natürlich angelegt. Sie kommt im Naturzustand kaum oder nur sehr langsam zur Geltung. Im Endeffekt ist sie aber, zusammen mit anderen äußerlichen Ursachen, für den Übergang aus dem Natur- in den gesellschaftlichen Zustand verantwortlich.

Politischer Körper (*corps politique*) Die Gesamtheit der Bürger als politische Gemeinschaft aufgefasst.

Recht des Stärkeren Zwar verwendet Rousseau den Ausdruck, aber eher als Zitat. Er zeigt, dass dieses vermeintliche Recht in sich widersprüchlich ist. Die Ausübung der nackten Gewalt kann kein Recht (im Sinne der Gerechtigkeit) darstellen.

Selbstliebe (*amour de soi*) Ist zusammen mit dem Mitleid ein Instinkt (also etwas, was von Natur aus im Menschen vorhanden ist), der uns dazu bringt, für unsere Selbsterhaltung zu sorgen. Die Selbstliebe ist ein positiver Begriff, der der Eigenliebe (*amour propre*) entgegengesetzt wird.

Souverän, Souveränität, Volkssouveränität Der Souverän ist der legitime Träger der Macht. Der Ausdruck der Souveränität ist die legislative Gewalt. Der Souverän unterscheidet sich von der Regierung, also von der exekutiven Gewalt, die unter seiner Kontrolle steht. Der Souverän kann je nach Gesellschaft unterschiedliche Formen annehmen. In einer rechtmäßigen politischen Organisation ist der Souverän der politische Körper, das heißt die Gesamtheit der Bürger. Dann wird von Volkssouveränität gesprochen.

Völkerrecht (*droit des gens*) Regelung der Beziehungen zwischen den verschiedenen Völkern oder Gesellschaften.

Wille (*volonté*) Ist wie die Perfektibilität eine natürliche Eigenschaft beziehungsweise Fähigkeit des Menschen, die ihn von den Tieren unterscheidet. Der Mensch wird nicht (nur) von seinen Instinkten geleitet, sondern (auch) von seinem Willen.

Zivilrecht (auch zivile oder bürgerliche Gesetze) Die institutionalisierten Rechtsformen, die das Leben einer Gesellschaft regeln. Ihr Aufkommen in der Geschichte markiert das Aufheben des Naturgesetzes und den Eintritt in die Gesellschaft. Die zivilen Gesetze sind positive Gesetze, die nicht immer gerecht sind, da sie aus der Institutionalisierung des Rechts des Stärkeren entstanden sind.

Zeittafel

1712	Am 28. Juni Geburt Rousseaus in Genf als Sohn Isaac Rousseaus, Uhrmacher, und Suzanne Bernards, beide Genfer Bürger. Die Mutter stirbt im Wochenbett. Jean-Jacques wird von seinem Vater und dessen Schwester erzogen.
1724	Rousseau fängt eine Lehre als Gerichtsschreiber an, die er bald abbricht.
1725–1728	Rousseau beginnt eine Lehre als Radierer. Im Frühjahr 1728, als er abends vor den schon geschlossenen Toren der Stadt Genf steht, beschließt er, nicht nach Genf zurückzukehren. Beginn seiner Wanderjahre.
1728	Bekehrung zum Katholizismus in Annecy. Bekanntschaft mit Madame de Warens, die Konvertiten betreut. Er wird nach Turin geschickt (zu Fuß), um sich förmlich zu bekehren. Dort arbeitet er als Lakai oder Sekretär in verschiedenen Turiner Häusern.
1729–1732	Nachdem er seine letzte Anstellung in Turin verloren hat, kehrt Rousseau zu Madame de Warens zurück, wird für kurze Zeit vom Landesvermessungsamt Savoyen angestellt, gibt diese Anstellung bald auf.
1732–1738	Rousseau lebt in Chambéry bei Madame de Warens, bald als ihr Lebensgefährte. Er verdient sein Geld als Musiklehrer und -kopist. Idyllische Sommeraufenthalte mit ihr in den Charmettes bei Chambéry. Er liest und bildet sich.
1740–1741	Hauslehrer der Familie de Mably in Lyon. *Plan für die Erziehung des Herrn de Sainte-Marie.*
1742–1743	Aufenthalt in Paris. Rousseau verkehrt in Salons und Literatenkreisen, lernt Réaumur, Condillac, Diderot kennen. Vor der Pariser Akademie der Wissenschaften stellt er sein System neuer Musikzeichen vor (1742), komponiert eine Oper, *Die galanten Musen. Dissertation über moderne Musik* (1743).

1743–1744	Sekretär des französischen Botschafters in Venedig. Rousseau schreibt geheime Botschaften, die später als *Depeschen aus Venedig* veröffentlicht werden. Streit mit dem Botschafter und Rückkehr nach Paris.
1745	Rousseau lernt Thérèse Levasseur kennen, die seine Lebensgefährtin wird. Aufführung der *Galanten Musen*.
1746–1748	Aufenthalt als Sekretär bei der Familie Dupin. Bekanntschaft mit Madame d'Epinay. Geburt seiner ersten beiden Kinder, die er ins Hospiz der Enfants-Trouvés gibt.
1749–1751	D'Alembert beauftragt Rousseau mit der Redaktion der Musikartikel für die von ihm und Diderot geplante *Enzyklopädie*. Rousseau schreibt die *Abhandlung über die Wissenschaften und die Künste* (*erster Diskurs*) als Antwort auf die Preisfrage der Akademie zu Dijon. Er gewinnt mit seiner Einsendung den Preis. Rousseau gibt sein drittes Kind ins Hospiz.
1752–1753	Rousseau komponiert eine Oper, *Le Devin du village*. Aufführung vor dem König in Fontainebleau, dann in der Pariser Oper. *Brief über die französische Musik*.
1754	Rousseau zieht nach Genf zurück, bekehrt sich wieder zum Calvinismus und beantragt erneut die Genfer Bürgerschaft.
1755	*Abhandlungen über den Ursprung und die Grundlagen der Ungleichheit unter den Menschen* (*zweiter Diskurs*).
1756	Rousseau zieht nach Montmorency bei Paris zu Madame d'Epinay, die für ihn ein Häuschen im Wald hat einrichten lassen, die Eremitage. Dort bearbeitet er im Auftrag der Familie Dupin die Manuskripte des Abbé de Saint-Pierre, *Zum Ewigen Frieden* und *Polysynodie*. Erste Arbeiten zur *Neuen Héloïse*.
1757–1758	Konflikte mit seinen Freunden und Bekannten. Rousseau muss die Eremitage verlassen, wohnt weiterhin in Montmorency.
1758	Mit dem öffentlichen *Brief an d'Alembert über das Schauspiel* antwortet er auf den von d'Alembert verfassten Artikel »Genf« der *Enzyklopädie*.
1761	*Neue Héloïse*. Erste Wahnsinnsanfälle.

1762	*Gesellschaftsvertrag* (April) und *Emile* (Mai). Wegen des »Bekenntnisses des Savoyischen Vikars« im Buch IV wird *Emile* in Paris zensiert. In Genf werden beide Werke, *Emile* und der *Gesellschaftsvertrag,* verboten. Beginn einer langen Flucht, die zunächst in Neuchâtel (dt. Neuenburg, damals preußisch) endet. Sommer auf der Petersinsel des Bieler Sees.
1763	Rousseau antwortet in einem öffentlichen Brief auf die Verurteilung des *Emile* durch Christophe de Beaumont, Erzbischof von Paris. Er verzichtet auf die Genfer Bürgerschaft.
1764	*Briefe vom Berge*, in denen Rousseau den *Gesellschaftsvertrag* und den *Emile* verteidigt. Eine anonyme (von Voltaire verfasste) Schrift, *Das Gefühl der Bürger,* macht die Weggabe seiner Kinder öffentlich. Rousseau beschließt, die *Bekenntnisse* zu schreiben.
1766–1767	Reise nach England auf Einladung des englischen Philosophen David Hume, mit dem er sich streitet. Rückkehr nach Frankreich. *Wörterbuch der Musik.*
1768–1770	Rousseau wechselt oft den Wohnsitz. 1768 Heirat mit Thérèse, mit der er seit über fünfundzwanzig Jahren zusammenlebt. Er sammelt Pflanzen in verschiedenen Gegenden und arbeitet an den *Bekenntnissen.*
1772	*Betrachtungen über die Regierung von Polen.* Rousseau beginnt die Redaktion der *Dialoge.*
1776–1777	Rousseau versucht erfolglos, das Manuskript der *Dialoge* auf dem Altar von Notre-Dame zu deponieren. Später verteilt er auf der Straße ein Rechtfertigungsschreiben »An jeden Franzosen, der noch Gerechtigkeit und Wahrheit liebt«. Er beginnt, die *Träumereien eines einsamen Spaziergängers* zu schreiben.
1778	Rousseau stirbt am 2. Juli in Ermenonville bei Paris als Gast des Marquis de Girardin.
1794	Rousseaus sterbliche Reste werden vom Konvent nach Paris in den Pantheon überführt.

In der Reihe bereits erschienen

Dirk Baecker
Kommunikation
ISBN 978-3-15-020119-0

Hauke Brunkhorst
Habermas
ISBN 978-3-15-020309-5

Wolfgang Detel
Aristoteles
ISBN 978-3-15-020314-9

Eva-Maria Engelen
Descartes
ISBN 978-3-15-020123-7

Eva-Maria Engelen
Gefühle
ISBN 978-3-15-020316-3

Andreas Gelhard
Levinas
ISBN 978-3-15-020300-2

Heiner Hastedt
Sartre
ISBN 978-3-15-020120-6

Detlef Horster

Sozialphilosophie

ISBN 978-3-15-020118-3

Beatrix Himmelmann

Nietzsche

ISBN 978-3-15-020305-7

Reinhard Mehring

Politische Philosophie

ISBN 978-3-15-020121-3

Richard Purkarthofer

Kierkegaard

ISBN 978-3-15-020302-6

Johannes Rohbeck

Marx

ISBN 978-3-15-020308-8

Gunzelin Schmid Noerr

Geschichte der Ethik

ISBN 978-3-15-020304-0

Herbert Schnädelbach

Kant

ISBN 978-3-15-020124-4

Herbert Schnädelbach

Vernunft

ISBN 978-3-15-020317-0

Therese Frey Steffen

Gender

ISBN 978-3-15-020307-1

Martin Stingelin

Deleuze

ISBN 978-3-15-020306-4

Dieter Sturma

Philosophie des Geistes

ISBN 978-3-15-020122-0

Udo Tietz

Heidegger

ISBN 978-3-15-020117-6

Annette Vowinckel

Hannah Arendt

ISBN 978-3-15-020303-3

Philipp Reclam jun. Stuttgart